U0113504

辛亥革命纪念馆
藏品研究文集

XINHAI GEMING JINIANGUAN
CANGPIN YANJIU WENJI

辛亥革命纪念馆编写组　主编

广州新华出版发行集团
广州出版社

图书在版编目（CIP）数据

辛亥革命纪念馆藏品研究文集／辛亥革命纪念馆编写组主编．—广州：广州出版社，2019.5
ISBN 978-7-5462-2840-2

Ⅰ.①辛… Ⅱ.①辛… Ⅲ.①博物馆－藏品－广东－图集②辛亥革命－文集 Ⅳ.①G269.276.5-64
②K257.07-53

中国版本图书馆 CIP 数据核字 (2018) 第 254359 号

书　　名	辛亥革命纪念馆藏品研究文集
	Xinhai Geming Jinianguan Cangpin Yanjiu Wenji
出版发行	广州出版社
	（地址：广州市天河区天润路 87 号 9 楼、10 楼　邮政编码：510635
	网址：www.gzcbs.com.cn）
责任编辑	陈洁仪
责任校对	陈　絜
装帧设计	金戈古
印刷单位	广州市赢彩彩印有限公司
	（地址：广州市白云区嘉禾街鹤边鹤泰东路工业区 C 栋　邮政编码：510440）
规　　格	889 毫米 ×1194 毫米　16 开
字　　数	113 千
印　　张	8.5
版　　次	2019 年 5 月第 1 版
印　　次	2019 年 5 月第 1 次
书　　号	ISBN 978-7-5462-2840-2
定　　价	68.00 元

如发现印装质量问题，影响阅读，请与承印厂联系调换。

前言 / Preface

　　辛亥革命纪念馆成立于2011年，为纪念辛亥革命100周年而建。作为一座大型专题性纪念馆，我馆一直致力于反映辛亥革命及其前后时期中国社会在政治、经济、文化、生活等方面的历史，传播传承中华优秀历史文化精神。随着藏品征集工作的开展和社会各界人士对我馆藏品捐赠工作的认可与支持，一件件见证、记录辛亥革命、清末民初社会各方面发展的老物件陆续入藏我馆。在收集、整理、保护我馆藏品的同时，如何在展览、宣传、社会教育等业务工作中更好地运用藏品，让观众理解静态藏品身上携带的历史文化信息是我们必须开展的一项工作。因此，对藏品进行研究与解读成为我馆研究工作的重点，这也是文集出版的源起。文集中的十余篇文章都从馆藏之物出发，或探讨具体事件，或把握历史脉络，从不同角度挖掘藏品中蕴含的近代中国革命发展和清末民初中国社会经济、文化、日常生活等方面的历史信息。

　　藏品从历史中走来，它们是真正的历史见证者。今天，我们或许对它们诉说的历史倾听得还不够，但这只是一个起点，而这本文集就是我们藏品研究工作的最初记录，伴随我们虽稚嫩却不断迈向更深入研究的脚步声。

目录 | Contents

清广州府南海县科举考试卷鉴释 ⋯⋯⋯⋯⋯⋯⋯⋯ 陈咏仪 001

解读"1901 年广东海防兼善后总局正实收" ⋯⋯⋯⋯ 张长龙 008

从中国同盟会新加坡分会摄于晚晴园的集体照
看林义顺与革命党人的交谊 ⋯⋯⋯⋯⋯⋯⋯⋯⋯⋯ 张 林 014

从《图画日报》看晚清人们生活的点滴变化 ⋯⋯⋯ 黄敏灵 020

外国画报中的剪辫子 ⋯⋯⋯⋯⋯⋯⋯⋯⋯⋯⋯⋯⋯ 张长龙 026

从民国元年广东验契收据看民初之验契 ⋯⋯⋯⋯⋯ 黄翠芳 032

从新宁县下坪两等小学堂修业文凭看清末民初的学制 范利民 037

"挣扎于闺阁内外"
　　——沈佩贞及其离异通电手稿 ⋯⋯⋯⋯⋯⋯⋯⋯ 雍玲玲 043

整理公债票里的北洋财政困局 ⋯⋯⋯⋯⋯⋯⋯⋯⋯ 曹 霞 051

纪念共和　慈爱恒存
　　——1931 年开国纪念贫儿第一教养院收据概述 陈咏仪 057

润例纸上看民生 ⋯⋯⋯⋯⋯⋯⋯⋯⋯⋯⋯⋯⋯⋯⋯ 曹 霞 064

从《新闻报》看上海近代报业发展 ⋯⋯⋯⋯⋯⋯⋯ 黄敏灵 070

试论辛亥革命后粤省商团军的性质演变历程
　　——从"1912年粤省商团军成军纪念章"说起　　　马学伟　077

1912年粤省商团军成军纪念章解读
　　——从陈廉伯人物特性看商团事件的成因　　　范利民　086

"不娶缠足女子"证章辨析　　　欧阳旦霓　092

从老月份牌看民国画师的绘画技法　　　王　维　097

"雄狮立于寰宇间"
　　——民国青花双狮戏球瓷枕赏析　　　汪　喜　106

"汉族文明"火花赏析　　　郑春林　113

从《开辟共和新纪元——辛亥革命主题展》藏品
看晚清戏曲改良　　　张　林　119

后记　　　126

清广州府南海县科举考试卷鉴释

● 陈咏仪

图1和图2为清代广州府南海县科举考试卷，纵27厘米，横88厘米，重5克。现存由右至左合共通折六页半。第一页靠下印有蓝边大长方框，约占全版3/4。右侧见有"一等　第五十二名　陈国仪"。大长方框内：靠上正中处有蓝色竖小长方框，内见"南海学生员"字样；下方有两个蓝线圆圈，分别内注"正""课"二字，加盖一长方体朱墨厚边官印。第二页右上方有手批"文笔宣雅"。（见图1）第三页至最后为正文页（见图2），印有考生答题所用朱丝栏格（前四页每页7列，除首列标题外，每纵行18字，每页可写126字。尾半页的朱丝栏格则存4列）。该考生所书文章题目为"岁寒然后知松柏之后凋也"，字迹端正秀丽。该卷对了解清代广东地区科举考试情况具有重要的研究和参考价值。

孙中山先生评价科举制度是"自世卿贵族门阀举荐制度推翻，唐宋厉行考试，明清峻法执行，无论试诗赋、策论、八股文，人才辈出；虽所试科目不合时用，制度则昭若日月"[1]，认为其利大于弊，并倡导建立考试院体制。而从科举考试试卷的内容及格式中，今人可考见科举考试之运转，铸之为镜鉴，以利于今日人才选拔制度之臻于完善，实属一叶知秋之历史见证品。

清代科举考试全过程是以府、州、县基层为始。首先是童试，应试者不

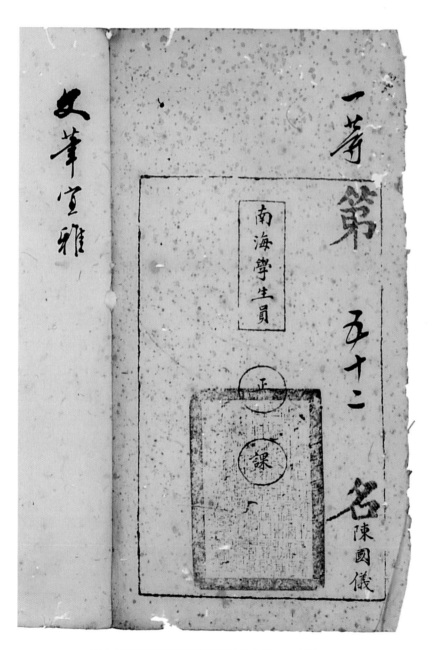

图 1 清代广州府南海县科举考试卷（第一、二页）

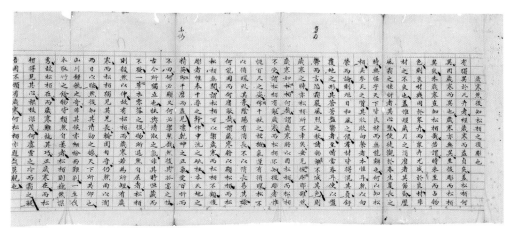

图 2　清代广州府南海县科举考试卷（第三页至最后）

论岁数大小统称"童生"。童试包括县试、府试、院试三个阶段。能通过院试的童生都被称为"生员"，即称"秀才"，为士大夫之阶层。据"府学生员于学台启程回京复命以后，不待散归各县，即由知府送往府学入学。其他秀才回县，则另由县官定期召集，送至县学（儒学）入学"[2]，可知拨入府学者称"府学生员"，留至县学者称"县学生员"，该卷考生陈国仪则应为留南海县入学的生员。各县的生员名额分配则"视各县的人口、赋额乃至文化教育水平而定，多者三四十名，少者只有八名或六名，遇有捐输报效特多特大的县份，国家也可以增加'增广生'的名额"[3]。

　　清代生员主要分为两类，一种是考核分数较高者，能享受膏火（指求学的费用），可参加乡试的，属于正课生；另一种是考核成绩靠后者，不能享受膏火，称为附课生。从试卷中蓝线圆圈分别内注的"正""课"两字，可以得知考生陈国仪是考核分数较高的生员，他能够享有学费补贴。

　　该卷所提及的"南海"①，除了包括如今广东省佛山市禅城区和南海区，

---

① 清代的广州城分属两县，西属南海县，东属番禺县。

还有现广州市荔湾区全部、白云区部分及越秀区西半部。此地域正位于珠江三角洲之腹，素来有"鱼米之乡"之盛誉，声名远播；南海历史悠久且名人辈出，耳熟能详者如康有为、陈启沅、詹天佑、何香凝、黄飞鸿、罗登贤等等大批在各个领域熠熠生辉、卓尔非凡的能贤达士。

生员资格获得后，考生接下来参加的是较高级别的国家考试，称为"乡试"。该卷考生陈国仪便具有参加乡试的资格。乡试在各省省城和京城举行，按惯例每三年举行一次，逢子、午、卯、酉年为正科，遇皇家喜庆之事加科称为"恩科"。由皇帝钦命正、副主考官主持，凡获秀才身份的府、州、县学生员，监生，贡生均可参加。考试按常于八月举行，因此称为"秋试"，而登科者称为"举人"，在当时是一种士人身份。

乡试三年才有一次，考生到达应试地点后，居先要解决的是找到方便合适的栖身场所，"考生们一般都会提前二十天左右赶到省城或京城。如果一个考生七月十五日左右到省城，到八月十六日考完，而乡试的成绩一般要在二三十天以后才能出来，那么他们至少要在省城住将近两个月"。[4] 因考生寻求应考的便利，各省贡院附近便成为客栈汇集的地区。但对于人数庞大的考生群体来说，客栈数量并不足够；尽管很多地方也设有专门接待考生的试馆或会馆，但数量不多，毕竟考生三年才来一次而试馆或会馆在非科举时期的实际使用效率是很低的。为了解决考生住宿困难的问题，很多地方设立了书院，"书院在乡试时承担试馆的功能，其余的时间是作为教学、祭祀场所之用"[5]。中国的书院最早出现于唐代，广东一带的书院则始于南宋。

清末，广东就有一所著名的陈氏书院，它于光绪二十年(1894)建成，由曾任翰林院编修等职的东莞陈伯陶等48位陈姓绅士倡议兴建[6]，其中之一的功能就是为本族各地读书人来省城参加科举考试时提供住处。据历史档案记载，广东在光绪二十年（1894）、光绪二十三年（1897）、光绪二十七年（1901）、光绪二十九年（1903）皆举行过乡试。而该卷考生陈国仪若刚好在以上时间参加乡试，且他正好是陈姓家族子弟，当时的陈氏书院也应能为他提供住宿的。现存的陈氏书院由大小 19 座单体建筑组成，每座建筑之间以青云巷相隔，长廊相连，厅堂轩昂，美轮美奂，具有浓郁的岭南民间文化气息，被誉为"岭南建筑艺术明珠"[7]。值得一提的是，清代广州的书院数量位于全国之首，仅越秀古城区内就曾有数百家书院，书院群的集中程度为全国罕见[8]，形成了崇文重教、人才辈出的优良教育氛围。

生员参加乡试所在的考场称"贡院"。广东贡院始建于南宋淳祐十年（1250），而现存的清代广东贡院为康熙二十三年(1684)巡抚李士桢于现广州文明路兴建[9]。据《广州府志》卷八所载，清代广东贡院坐北朝南，基本格局东西对称，其建筑的中轴线由南往北的主体建筑依次是头门、仪门、龙门、明远楼、至公堂、戒慎堂、聚奎堂，沿中轴线建筑两旁是成千上万间以《千字文》为编列号数的号舍，而同治六年（1867）号舍最多达到 11708 间[10]，建筑群气势恢宏。清代广东贡院兴盛时期北起广州中山路，南至文明路，东到越秀中路，西及龙虎墙，当时与顺天、江南、河南三地贡院并称为中国四大贡院[11]。近 300 多年的历史中，清代广东贡院产生举人 6000 多名，其中就有 3 位状元[1]，而中国近代史上著名人物如黄遵宪、康有为、梁启超等都曾在广东贡院考试。[12] 清代广东贡院唯一现存的建筑明远楼，当年是巡查主考官的驻地，为木结构两层阁式建筑。第二次鸦片战争爆发时，广东贡院建筑除明远楼幸存，其余皆毁于兵火，明远楼至今仍然位于广州越秀中路。[2] 而自 1905 年科举制废除后，清代广东贡院旧址曾改建为两广优级师范学堂、广东高等师范学堂、广东大学、中山大学等教育机构，继为新学之地，文脉相传，现为广东省立中山图书馆及广州鲁迅纪念馆所在地，沧桑百年之中见证了广

---

① 即乾隆四年 (1739) 己未科状元番禺县人庄有恭，道光三年 (1823) 癸未科状元吴川县人林召棠，同治十年 (1871) 辛未科状元顺德县梁耀枢。

② 广东省博物馆已于 2016 年完成明远楼修复，并根据广东末代探花商衍鎏《清代科举考试述录》的《广东省贡院全部略图》（范禽璐编绘）制作了清代广东贡院全景模型。

东近代教育和文化孕育发展的社会历史进程。

清代科举文体形式上仍然沿用明代八股文，每篇文章考生们均需按一定的格式、字数以书写作答。在乾隆中期之前，要求屡次有改动。而到乾隆中期，考试内容基本定型，分别举行三场考试。而且对试卷文字和书写的标准格式也有严格规定，"至乾隆时定制为：首、二两场试文，每篇限定为 700 字；三场策试，每问须满 300 字，但不准超过 500 字"[13]。而考生陈国仪所作答的这份试卷中，第三页至第六页，每页可写 126 字，而现保存可见的全文约为 600 字，故应为首、二两场试文之一。

此外，科举考试还要求"书法要工整，字迹不得潦草，试文要点句"[14]，而该卷正满足此诸要求，字体端正秀丽，试文点断句读，故而在试卷第二页右上方有手批"文笔宣雅"，该判语可谓恰当。生员若能通过乡试，则成为"举人"，有资格于次年的三月参加在京师举行的会试及殿试。会试由礼部在顺天贡院举行，取中者则称之为"贡士"，可以参加同年四月的殿试。殿试由皇帝主持以及出题，亦由皇帝钦定前十名的顺序。

中国的科举考试自隋代大业元年（605）创立至清光绪三十一年（1905）废止，延达 1300 年之久，在中国以及世界皆有着广泛而深远的影响。千余年来，科举考试不但吸引了中国历代的莘莘学子参与应考，还吸引了东亚、东南亚、中亚、西亚各国的知识分子踊跃前来中国应试。自唐穆宗时期，中国就允许外国学子参加科举，并专设"宾贡进士"予以录取[15]，他们有的荣归故里，有的在中国入仕，直至清代才禁设"宾贡进士"。而当时同属儒家文化圈的朝鲜（今朝鲜、韩国）和日本、越南、琉球（曾存在于琉球群岛的封建政权名）亦仿效中国科举制度以选拔官员[16]。在欧洲，从 17 世纪起关于中国科举制度的描述就在英国著作中大量出现；18 世纪以科举为核心的中国文官制度、中国文明让法国著名的启蒙思想家伏尔泰、孟德斯鸠、卢梭等深为赞叹；到 19 世纪中国科举制度受到欧洲有识之士的高度关注，英、法、德等国家纷纷借鉴仿效中国科举建立了各自的文官考试制度，此后更影响到了美国文官考试制度的确立[17]。千百年来中国的科举制度早已超越了国界而走向世界，对世界各国求贤纳士提供了制度典范和有益借鉴，甚至被认为是中国首创的一项重要制度发明。❀

参考文献：

[1] 陈孝华 . 孙中山的人事思想述论 [J]. 中共福建省委党校学报，2002（9）：72.

[2] 沈兼士 . 中国考试制度史 [M]. 北京：中国和平出版社，2014：197.

[3] 同 [2].

[4] 李兵 . 千年科举 [M]. 长沙：岳麓书社，2010：106.

[5] 同 [4]110.

[6] https://www.1b1u.cn/lyzx/tours_650.html.

[7] http://www.360doc.com/content/19/0131/08/6657566_812292577.shtml.

[8] 南方日报 . 清代时广州书院数量居首？越秀古城区形成书院群 [EB/OL]．（2014-10-17）[2018-12-12]. http://www.chinanews.com/cul/2014/10-17/6689261.shtml.

[9] 黄丹彤 . 百年广东贡院将首次开放 [EB/OL]．（2016-10-22）[2018-12-12]. http://www.gzzxws.gov.cn/wszx/ycwsxx/201606/t20160630_39113.htm.

[10] 同 [9].

[11] 黄丹彤 . 广东贡院"红楼"大修完成 [EB/OL]．（2016-10-22）[2018-12-12]. http://www.gzzxws.gov.cn/gxsl/gzwb/whbhdw/201601/t20160122_38108.htm.

[12] 曹腾骁 . 谈广东贡院旧址与广东省博物馆筹建 [M] // 广州文史：第七十六辑 . 广州：广州出版社，2011：64.

[13] 李尚英 . 制度、名物与史事沿革系列：科举史话 [M]. 北京：社会科学文献出版社，2012：93.

[14] 同 [13] 94.

[15] 赵磊 . 浅谈科举制度对"儒家文化圈"形成的影响 [J]. 学理论，2013（2）：134.

[16] 同 [15].

[17] 刘迤银 . 中国古代科举制度对西方近代文官制度改革的影响 [J]. 文史杂志，1989（6）：17.

解读"1901 年广东海防兼善后总局正实收"

——— 张长龙

辛亥革命纪念馆收藏有一张"1901 年广东海防兼善后总局正实收"（以下简称"正实收"），纵 59.5 厘米，横 29.3 厘米。（见图 1）"实收"的意思是"官库收纳银两给发之凭证也"[1]，类似现在所说的收据。这张正实收是研究清代捐纳制度的珍贵实物资料。

一、正实收的内容

这张正实收正文内容如下，无法辨认的字用"□"代替：

广东海防兼善后总局，广东布政使司，为给发实收事照得本局、司遵奉，谕旨劝办绅富捐输助饷，现经详奉：

两院宪奏请，仿照两江折收成数办理虚衔封典贡监一项，按照例银三成再减一成，以二成实银上兑，即经出示晓谕并通饬遵照在案。

兹据李廷辅现年五十六岁，身中面紫未须，系广东省新宁县人。由俊秀捐银二十一两六钱核与报捐监生，银□□□除将该捐生履历汇案造册详请咨送户部核奖颁照外合先印发正实收给领收执一，俟部照颁发到粤，即行呈缴换照须至实收者曾祖父母缵基，祖父母广沐，父母秩衍。

光绪二十七年七月初四日给李廷辅收执。

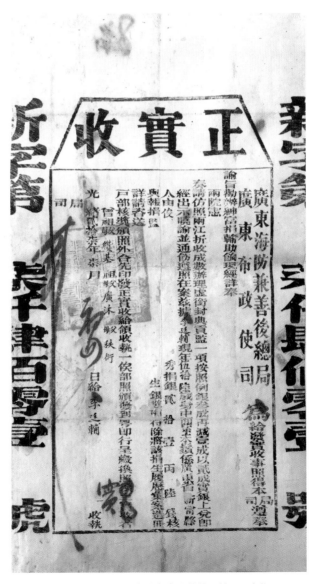

图 1　1901 年广东海防兼善后总局正实收

正文的左上方加盖关防。纸张左右两边各印有半截编号：新字第七千四百零一号。

二、主要内容解读

1. 善后局：是官方机构的名称。"清朝后期，在有战争的省份中，设有处理特殊事务的机构，称为善后局"。[2] 善后局最早设于新疆。左宗棠收复新疆时，为了恢复生产和更好地管理，在北疆镇迪道迪化设立善后局，"分善后总局、善后局、善后分局三级"[3]。此后，在有战争的省份也设善后局。由于战争当地的总督、巡抚可以不按常规取款办事，因此有不少弊端。1909 年，广东谘议局议员陈炯明曾经提案裁撤善后局。

2. 减价销售：正文中有"三成再减一成，以二成实银上兑"的内容，实际上反映了减价销售。因为 1900 年八国联军入侵中国，当时的清政府内外交困、国库空虚，所以，打折促销以求增加国家财政收入。

3. 买到一个出身资格：文中有"虚衔"的字眼，这表示这次捐资购买到的不是一个实职，而是一个出身资格。这个资格可以让捐资者提高社会地位，日后有机会进入官场。

4. 贡监：是指以贡生和监生资格入学的人，都是国子监学生的称呼。

（1）贡生：有岁贡、恩贡、拔贡、优贡、副贡、例贡六种来源。

岁贡，指将每个省拔尖的秀才进贡给国家。各地方按照规定的时间和人数，将经过多次的考核、拿国家俸禄的资深秀才送到国子监读书。如果发现有滥竽充数的人，马上发回原地。每个省有五人以上被发回，负责人要罚俸。

恩贡，是岁贡在特殊情况下的改称。在国家有庆典或皇帝登极时，朝廷颁布"恩诏"，以当年的岁贡生充恩贡生。

拔贡，指各地经过选拔性考试将品学兼优、身体健康的秀才选拔为贡生。

优贡，类同拔贡，每三年考选一次，举送的次数比拔贡多。

副贡，指各地考试除录取正榜外，设立副榜另外录取若干人。中副榜的人，可以作为贡生进入国子监。

例贡：凡是有秀才功名的人，按规定捐纳一定的白银或物品可以成为贡生。由于是出资捐得，所以此类贡生通常被其他人看不起。

（2）监生：有恩监、荫监、优监、例监四种来源。

恩监，乾隆年间开始实行，主要是选拔和照顾一些资历、身份较特殊的士子，恩准进入国子监。

荫监，又分恩荫和难荫两种。恩荫是按内外文武官员品级，荫子入监。文官中京官四品、外官三品以上，武官二品以上，可送一子入监。难荫，满、汉三品以上官员，三年任满，勤于国事而死者，可荫一子入监。

优监，由附生（秀才的一种）中选拔的、入国子监读书者。

例监：凡没有取得生员（秀才）资格的读书人，可以通过捐纳而取得监生资格。正实收的主人李廷辅就是这种情况。他通过捐纳获得监生资格，可以参加乡试（举人考试），以便进入官场。

贡生和监生的区别在于：贡生必须有秀才功名，而且要有较高的文化水平。监生不一定要有秀才功名，有一定的文化水平即可。

5. 李廷辅个人信息：文中记载了李廷辅相貌特征和祖先三代姓名。他是广东新宁（今台山）人，56岁，中等身材，紫色脸，没有胡须……这些信息有效地防止了冒名顶替和同名同姓引起的麻烦。

6. 俊秀："凡未取得生员资格的读书士子，即俊秀"。[4] 这表明捐资者必须是一个读书人，不能是文盲。

7. 男尊女卑：文中要求填写祖先三代姓名，但实际上只填写了男性的名字，并没有填写曾祖母、祖母、母亲的名字，这从侧面反映了当时社会男尊女卑，女性的地位低下的现状。

三、延伸解读：清代捐纳制度

清代的读书人要成为朝廷官员一般有两种途径：一种是科举考试，这是最主要的途径；另外一种是捐纳，这是异途。捐纳是指"政府基于统治的需要而集中进行的一种政治经济交易活动，捐纳事例者，定例使民出资，给以官职，或虚衔，或实授，用以充朝廷之急需"[5]。通俗讲就是卖官鬻爵。捐纳在中国历史悠久，最早出现在秦汉时期，并逐渐形成制度。在清代，捐纳制度不但系统、完善，而且在捐纳的名目、数额上超过历朝历代。

1. 捐纳的种类："有常开事例与暂开事例之分"[6]

（1）常开事例：是指常年性开征的捐纳，所得的钱物是政府的经常性收入。常见的捐纳范围"包括贡生、监生、衔封，现职官员的加级、记录、保举等"。[7] 正实收中提到的监生还有贡生就是常开事例的主要来源。

（2）暂开事例：指的是在一定时间内针对某一项事务发起的捐纳。有两个特点：第一，目的明确和时间限制。捐纳目的有军务、水利和荒赈等，开捐时一般会规定结束的时间。第二，捐纳的范围广，涉及捐贡生、监生、虚衔到现任官员的考核、晋升等。暂开事例以捐实缺为主。

2. 捐纳制度带来的影响

清政府用捐纳的方式，明码标价公开地卖官卖文凭。这给清政府带来了广泛的影响。

（1）正面的影响。第一，增加财政收入。遇到天灾人祸时，需要大量的资金来应对。增加收入的一个方法是：加税。但这样会增加百姓的负担，容易激发矛盾。清政府采用捐纳的办法来应急。这样既能缓解财政困难，又能避免加税的弊端。第二，扩大统治基础。部分地主、商人希望提高自己的政治地位。捐纳能使他们免除徭役、提高社会身份甚至成为朝廷命官。朝廷通过捐纳把他们拉入官场，一定范围内扩大了统治基础，这有助于社会稳定。第三，有效补充科举制度。参加科举考试入仕是读书人的正途。但是不少读书人一生专研八股文，成为官员后没有实干能力。捐纳可以让部分不善辞令而有实干能力的人进入朝廷。例如雍正时期的李卫、田文镜，他俩都是捐纳入仕，为官期间勤恳敬业，政绩显赫，成为当朝重臣。

（2）负面的影响。第一，财政上治标不治本。捐纳本是解决财政困难的临时措施，由于成本低、收效快，被清政府滥用变成解决财政的经常性手段，但却无法从根本上解决财政问题。第二，官员队伍臃肿。科举考试一般三年一次，每次考取者若干，所以录用的人员相对有限。清代的捐纳不但有暂时性的还有经常性的，产生大批的贡生、监生。这导致候补官员队伍臃肿，拉长轮候的时间，有的人甚至终生没有获得实际的官位。第三，加剧腐败。部分捐纳的人成为朝廷命官后把官场变为商场，希望一本万利、财源滚滚，所以他们上任后用尽各种手段搜刮民脂民膏，"三年清知府，十万雪花银"就是生动的写照。由此可见，捐纳制度的危害巨大。

1911 年辛亥革命爆发，使清政府被推翻，同时也结束了捐纳制度。这份清代正实收真实地记载了当时的文凭买卖，让我们从另外的角度看到了清廷的腐败。因此，这份正实收有较高的史料价值和文物价值，是研究清代地方文化教育和捐纳制度的珍贵实物资料。❀

参考文献：

[1] 六部成语注解 [M]. 内藤乾吉，原校. 程兆奇，标点. 程天权，审订. 杭州：浙江古籍出版社，1987：79.
[2] 广西师范学院历史系. 历代官制兵制科举制常识 [M]. [出版地不详]：[出版者不详]，1979：75.
[3] 阿地力·艾尼. 清末边疆建省研究 [M]. 哈尔滨：黑龙江教育出版社，2012：88.
[4] 白寿彝. 第十卷：中古时代·清时期：上册 [M]// 中国通史. 修订本. 上海：上海人民出版社，2007：747.
[5] 韩祥. 近百年来清代捐纳史研究述评 [J]. 西华师范大学学报（哲学社会科学版），2013（4）：42.
[6] 鲁子健. 捐纳：清代的卖官鬻爵制度 [J]. 文史杂志，1999（6）：74-76.
[7] 同 [6].

从中国同盟会新加坡分会摄于晚晴园的集体照看林义顺与革命党人的交谊

———● 张 林

    中国同盟会新加坡分会于 1906 年 4 月 6 日成立，是中国同盟会在英属马来亚（今马来西亚）及荷属东印度（今印度尼西亚）的总机关。会所设在晚晴园。首批会员 14 人。陈楚楠为会长，张永福为副会长，林义顺任交际干事。图 1 不仅反映了中国同盟会新加坡分会的基本情况，还体现了以孙中山为首的革命党人与南洋华侨的密切联系。林义顺，积极支援革命，毁家纾难，不愧为爱国华侨的杰出代表。

    林义顺（Lim Nee Soon，1879—1936），新加坡华侨领袖、实业家，民主革命人士。字发初，号蔚华，又号其华。祖籍广东澄海，生于新加坡。17 岁自圣约瑟英校毕业后，一度在其舅父张永福等的商行任职，后自营黄梨（时南洋人名菠萝曰黄梨）、树胶园。1911 年其黄梨产量居马来亚首位，有"黄梨王"之称。同年创林义顺公司兼营树胶制造业、银行保险业等。曾任新加坡中华总商会会长、华侨银行董事长、华侨保险有限公司主席、潮州八邑会馆总理、同济医院主席等职。青年时期受张永福、陈楚楠影响，积极参加中国民主革命活动。1906 年首批加入中国同盟会新加坡分会，任交际干事一职。1907 年任《中兴日报》总经理。辛亥革命后，参与讨袁、护法及北伐诸役。晚年筑青海别墅，撰写回忆录。病逝上海。

一、林义顺与孙中山、黄兴的革命友谊

林义顺作为华侨领袖，为辛亥革命做出了重大贡献。革命党领导人孙中山、黄兴都与其保持密切联系，书信往来不断。林义顺精通外语，善于交际，是孙中山先生在南洋从事革命活动的得力助手。据统计，孙中山在南洋开展的革命活动有八次，主要集中在辛亥革命之前。从 1905 年起，孙中山历次到达新加坡，林义顺多在左右。孙中山爱其聪颖勤敏，在新加坡期间事宜全委托其办理。林义顺则深得中山精神感化，常说"总理负国家大事，如举羽毛，吾人能体其意，在工商界作一番大事业当无难事"[1]。陈嘉庚回忆："中山先生

图 1　中国同盟会新加坡分会摄于晚晴园的集体照（1905 年底）。前排右起：林义顺、刘金声、尢列、孙中山、陈楚楠、张永福、林干庭。后排右起：张秉庚、黄耀庭、邓子瑜、陈河、张继、张华丹、吴悟斐

住新加坡系他（林义顺）招待。"[2]林义顺多次出色地完成孙中山交给的筹款、组织、接待等任务。1908 年 10 月，孙中山致信林义顺，希望他能够帮助解决钦州起义失败后革命军人的生计问题："弟见其情状十分可怜，然亦无可如何，且不堪烦恼。山石［石山］之事诚非速办不可，盖一日不安置彼等，则各同志多一日之费，而弟多一日之烦忧。"为了给孙中山排忧解难，林义顺将钦州战退下来的军人安置到自己的菠萝园，并给予优待。林义顺与孙中山的关系绵延一生，他常给孙中山寄送南洋特产，关心先生。中山先生年龄虽比林义顺大，但是在信中称林义顺为"发初吾兄"，并且感谢其挂念，表示革命仍未成功，同志仍需努力。"别后每以为念，忽邵君来，出示手书，并蒙赠黄梨膏二箱，潭水情深，感曷可支！"[3]孙中山在信中还向林义顺讲述自陈炯明叛变以来自己的心路历程，可谓推心置腹。孙中山还在信中说国家之大纪大法几乎被破坏殆尽，国家祸乱之极，富强无从谈起。"所幸人类正义观念，犹未尽为妖氛所蔽，数月以来，是非已大白于天下。而吾党主义以磨厉而愈光，国人倾向之诚，较前尤盛，此诚否泰剥复之机，深望吾党有志之士，各尽所能以赴之。"[4]表达了必定能够再次革命成功的壮志，好让老友安心。

　　他们两人家庭关系也很好。林义顺将儿子的婚礼请帖送给孙中山，也得到了孙中山的回信："顷奉贵公子结婚礼帖，殊深感谢。徒以海洋迢递，未克参与盛典为歉。兹特肃缄，谨以挚诚之意，以表贺忱。"[5]从革命友谊到朋友关怀，体现了中山先生对华侨的感恩之情。

　　黄兴受孙中山及革命党重托，常在南洋活动。林义顺多有照应，《黄兴集》中有黄兴为林义顺书词三首。[6]诗的主题大抵是展现了黄兴壮志未酬，但对革命前途仍抱乐观的态度，黄兴也希望包括林义顺在内的南洋华侨能够鼓起勇气，坚信革命最终将会成功。

二、林义顺与其他革命党人的交往

林义顺不仅与革命领袖孙中山、黄兴保持要好关系，同时与其他革命党人也有往来。革命党人起义失败蛰居南洋，林义顺敞开怀抱，招待有加。清季汪精卫与黄复生刺杀摄政王载沣不成，被捕入狱之时，"胡汉民等日集于义顺村'湛华别墅'，共谋营救之策"[7]。1913年，祖国南方各省讨袁失败，革命党人多逃往南洋，革命将领"李烈钧、柏文蔚、陈炯明、谭人凤、邹鲁、黄兴、张继等都先后到过新加坡，住在林义顺的'湛华别墅'，受到热诚的款待，并以林义顺的'通美行'，作为革命党人的秘密通讯处"[8]。林义顺对他们迎来送往，从不吝啬。林义顺极力赞助革命，前后捐助数十万元，可谓毁家纾难。推翻清王朝、反对袁世凯专政、护法运动、国民党北伐等运动林义顺均有参与。林义顺与陈炯明关系尚可。起初陈炯明跟随中山先生革命，林义顺倾力支持，及至陈叛变革命再至隐退时，他俩仍有来往。1931年，陈炯明致信林义顺，讲到自己退出政坛后，不问时事。当闻南洋实业不振之时，他仍相信林义顺能够平稳渡过危机，"吾兄长才善计，必能转危为安，再展宏图"。后又向林解释家叔退卖公司股权的缘由，向林求助"苟非拮据，决不计此区区。爱我如兄，当能勉力一助，最好酌估时价"。[9]

南京国民政府成立不久，民国十八年（1929），胡汉民、孙科、伍朝枢、傅秉祥等来到新加坡游历数日。其间陈嘉庚在怡和轩设宴招待，计五席，林义顺作陪，同席林文庆(厦大校长)、薛武院(总商会长)等人。席间有段小插曲。由于南京国民政府刚刚更换国旗不久，南洋商会挂的仍是北洋政府时期的五色旗，胡汉民、孙科等人颇感不满，并称"总商会既未换旗，明日我等勿往"。[10]最后在陈嘉庚与林义顺的解释下，行程得以顺利进行。

三、林义顺热心公益

林义顺先生非常关注文教与社会公益，他在而立之年已有成就，有名于

新加坡社会。1917 年任慈善局委员；1918 年任新加坡太平局绅士；1919 年任同济医院主席；1920 年任南洋华侨中学总理及新加坡平籴局局员；1921 年被选为新加坡中华总商会第十三届正会长等。身为潮汕人的林义顺还积极团结潮汕老乡，发起并成立了潮州八邑会馆。同时对当地教育事业也竭尽所能，曾与陈嘉庚一同创办南洋华侨中学，捐助开办费一万元，并且担任该校财政之职。他一心推进新加坡华人、华侨社区团结事业。与陈嘉庚是亲家关系的林义顺，在筹办厦门大学期间，也同样是劳心劳力。陈炯明主政粤军时期，粤闽交战，陈嘉庚与当时身为新加坡中华总商会会长的林义顺联名致电粤军首领陈炯明，要他从速撤出军队。陈炯明为了政治资本，以利争夺地盘，同意他们的要求，并让驻集美的部队订立集美和平学村公约，使正常的教学秩序得以维持。厦门大学图书馆至今仍收藏着 1928 年 9 月林义顺亲自赠送的《星洲同盟会录》。

林义顺还慷慨资助留欧学子。民国著名政要王宠惠求学时曾受到他的资助。1908 年，孙中山居新加坡之际，收到王宠惠从欧洲寄来的申请资助的信，孙中山请陈楚楠、林义顺等商筹。随后，侨商将一千五百元汇往伦敦救急。民国十七年（1928），王宠惠赴欧洲就任海牙国际法官，路过新加坡时，张永福、林义顺等侨商设宴招待。席间，大家畅谈昔日汇款伦敦之事，"宠惠至是始知当日筹款之不易"。[11]

林义顺也非常看重与民国教育家的交往。从一封蔡元培的回信中可以瞥见一二。

蔡元培在信中写道："接奉惠函，备听高论，具见爱国热忱，曷胜钦佩。承寄赠榴梿糕，珍物远贻，弥见情重。特此函复道谢，诸希察照。马相伯先生函及榴梿糕，遵嘱转达矣。"

义顺先生筑庐于新加坡实里达，园名"青海别墅"，预为隐居林下、颐养晚景之处，并拟在该墅撰写《三十三年浮云影》一书，欲将一生经历及南

洋革命党人的历史回忆整理出版，无奈书未完成，他就离开了这个世界，实为可惜。✿

参考文献：

[1] 潘醒农 . 潮侨溯源集 [M]. 北京：金城出版社，2014：142.

[2] 陈嘉庚 . 陈嘉庚自述 [M]. 合肥：安徽文艺出版社，2013：36.

[3] 中山大学历史系孙中山研究室，广东省社会科学院历史研究所 . 孙中山全集：第六卷 [M]. 北京：中华书局，1985：629.

[4] 同 [3].

[5] 广东省社会科学院历史研究室，中国社会科学院近代史研究所中华民国史研究室，中山大学历史系孙中山研究室 . 孙中山全集：第八卷 [M]. 北京：中华书局，2006：222.

[6] 刘泱泱 . 黄兴集 [M]. 长沙：湖南人民出版社，2008：17.

[7] 同 [1].

[8] 严如平，熊尚厚 . 中华民国史资料丛稿民国人物传：第八卷 [M]. 北京：中华书局，1996：128.

[9] 庇能槟城新报向新加坡林义顺先生道歉并更正启事 [N]. 槟城新报，1935-02-15.

[10] 同 [2].

[11] 冯自由 . 革命逸史：上 [M]. 北京：金城出版社，2014：76.

从《图画日报》看晚清人们生活的点滴变化

● 黄敏灵

　　近代以来，西风东渐，社会随之剧变。新旧思想交替，人们的生活方式也随之出现新的变化。发行于 1909 年的《图画日报》是清末上海一份有重要社会影响力的新闻类画报，其内容大多反映苏浙沪地区的社会情形，尤其是上海地区。它从第 1 册到第 228 册的第 8 版上刊登的是《营业写真》栏目，每期的《营业写真》主要介绍两种人们谋生的行当，共介绍了 456 种。统计并分析《营业写真》栏目提到的当时人们的谋生行当，我们可以发现一些有趣的现象，这些内容折射出在新旧变革的晚清社会中人们的生活状态。

一、商品交易成为人们的重要谋生手段

　　在古代一些统治清明、国泰民安的太平盛世时期，中国的商业贸易堪称非常发达。不过，总体而言，中国社会本质是个农业社会，农民占据总人口的绝大多数，而"重农抑商"是秦至清历代统治者信奉的基本经济政策，但到了近代，社会经济结构悄然发生着重要的变化。

　　我们通过统计《图画日报》上所刊登的 456 种行当的名字，发现带有"卖"字并明确是从事商品交易的行当共有 167 种，占总数的 36.6%。发生这样的变化有其现实的原因。首先，长江中下游地区拥有有利商品经济发展的地理

位置。长江、京杭大运河自古就是商品流通的大通道。《南京条约》规定的五个通商口岸中，位于长江中下游地区的就有上海和宁波。上海更是晚清中国最重要的商旅、贸易集散地之一。直到现在，长三角地区依然是商品经济最活跃的地区之一，对中国经济的重要性是不言而喻的。其次，生活在长江中下游地区的人们很早就有商品经济的意识。再次，城市是商品交易的重要场所。居于城中的人们比起居于乡村中的人们，在生活上最大的不同就是人与土地的关系的减弱。

《图画日报》所载交易商品可以分为以下几类：

（一）农副产品：如西瓜、水红菱、柿子、橙子、橘子、红萝卜、藕、生梨、牛肉、牛乳、蛋、鸡、鸭、鱼、虾、蟹、荸荠、茨菰、橄榄、大米、香蕉等。

（二）加工食品：腐乳、拌面、馄饨、凉粉、糖糕、绿豆汤、茶叶蛋、香脆饼、香瓜子、豆腐花、碗里糕、金团等。

（三）生活日用品：花线、洋皂、布、扫帚、铜杓铲刀、水磨筷、宜兴茶壶、灯、眼镜、月份牌、线袜、枕头、木梳、洋镜、脚炉窠、草窠、茶壶桶、拜垫、芦花靴等。

（四）与民间风俗相关用品：春节时贩卖的水仙花、梅椿、财神元宝、爆竹、元宝糖、神模，清明节时卖的鹞子（即风筝）、扯铃（即空竹），重阳时节卖的菊花、重阳糕。

这些琳琅满目的商品，至少能说明几个问题。首先，当时的上海市场需求很大，这间接说明上海的城市人口数量不少；商品供应的种类非常丰富，这能反映市场需求的多元化。市场上供需两旺，销售的商品基本已经涵盖了人们日常生活所需。其次，反映农副产品走向商品化。传统的中国农业生产一般被认为是小农经济，农民自给自足；他们生产的产品除缴交赋税、缴交田租地租外，大多自家消费，或者作交换其他生活物资之用，这还是在丰年有产品盈余的情况下才能做到，传统社会中农副产品并没有太强的商品属性。

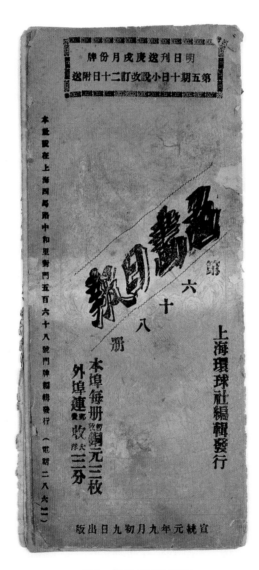

图1 《图画日报》封面

通过画报内容可知，生活在晚清上海地区的市民在市场上就能买到水果、蔬菜、粮食、肉禽蛋等农副产品；这也许意味着许多从事种植业和畜牧业的农民的生产行为目的并不是仅仅满足自身消费需要，甚至可以大胆推测，当时可能已经根据市场需求进行农业生产。再次，这里也是中华传统文化最深厚的地区，清末时期生活在这片土地上的中国人仍然按照老祖宗流传下来的生活方式生活。例如第 91 册《营业写真》展示了"卖脚炉寠、草寠""卖茶壶桶、拜垫"，第 95 册《营业写真》提到"卖芦花靴"，前者是买卖收割后的稻草梗编制的日常生活用品，后者展示买卖在稻草梗的基础上夹以芦花、布条编织而成的鞋，这些物件都具有很好的保温功能，是江南地区冬天常用的保温用具。而在节庆方面，人们坚持按照传统习俗过岁时节庆。

二、西方现代城市设施与生活方式的进入

尽管前文提到清末时期大部分上海人依旧按照传统生活方式生活，但不要忽略当时长江中下游地区是近代中国最先受到西方思潮影响的地区之一这一事实。上海自第一次鸦片战争后开埠，1845 年 11 月 15 日，英国在上海设立了近代中国第一个租界。洋人的到来，租界的建立，客观上促进了上海向西方城市化方向迈进，前文已经提到了洋皂、洋布、洋镜等进入人们的日常生活中，更重要的是有不少西方城市基础设施在这个时期进入上海。

《图画日报》中就有介绍不少提供上海城市基础设施服务的行当，它们反映着近代化过程中城市面貌与市民生活的巨大变化。例如在《图画日报》第 143 册介绍了"装自来火"。何谓自来火？"晚清上海人称煤气为自来火，所谓自来火公司也就是煤气公司。"[1] 按照一般的说法，上海最早的煤气公司——大英自来火公司成立于 1864 年 3 月，次年 11 月 1 日正式投产，12 月 18 日向租界私人用户供气，南京路外滩上的公共照明就是使用煤气灯。有了自来火的供应后，还需要现在所说的售后服务，服务是由工人来提供的。《图

画日报》配图文字这样介绍："自来火，真精工，此火之来由地中，总管一枝道旁伏，接装支管节节通，装管工人本领巧，铁梗长短截来妙……"[2] 在《图画日报》第 143 册上介绍的另一行当是"修电线"，画面上一个人正爬上高高的路灯电线杆，电线杆上的电线有很多。配图的文字是这样描述的："电报局里装电线，电报来时线上看不见；电灯公司亦须电线装，电灯来时线上无灯光。电线若坏须修理，电报电灯皆一体，不过近来报馆无线电报多，工匠闻之生诧异。"[3] 进入 20 世纪后，电车作为交通工具方便了市民，也是城市公共交通工具的肇始。在第 150 册《图画日报》上介绍了当时的最新职业"电车司机人"，配图文字是如此介绍的："电车做个司机人，营业之中最算新，脚踏铃声铛铛响，铃声响处电车过，车辆行人齐让路，转弯角上要留心，莫开快车闯穷祸"。[4]

我们知道第二次工业革命的标志之一是电力的应用。19 世纪七八十年代电灯发明；19 世纪三四十年代电报应用于信息的传递，1897 年著名的《时务报》首次使用"无线电"一词；而上海第一条有轨电车线路正式通车时间是 1908 年 3 月 5 日，起始的站点为外洋泾桥，终点设于静安寺，线路全长 6.04 千米，穿过上海繁华的中心区域。短短三四十年的时间，第二次工业革命的成果已经传入上海并被广泛使用，这说明晚清时期中国正在加速被卷入世界发展的洪流中。

除此以外，《图画日报》还介绍了其他来自西方的城市生活方式。第 195 册介绍"装自来水管"，配图文字："自来水管沿街设，支管水从总管出，装成管内水长流……"[5] 据考证，上海最早的自来水厂是建于 1881 年的杨树浦水厂。又如介绍随着影像技术的传入衍生出来的行业，第 134 册介绍"拍小照"，"拍照之法泰西始，摄影镜中真精致，华人效之亦甚佳，栩栩欲活得神似……"[6]。到了 175 册是如此介绍"做影戏"："借间房子做影戏，戏价便宜真无比，二十文钱便得观，越看越是称奇异。人物山川精致新，田庐城郭似身亲，一般更足夸奇妙，水火无情亦像真。"[7] 人们文化生活的方式也在革新。

在近代中国，城市总是比乡村要更早、较快接受和吸收新生的事物，城市总是能够引领生活方式的变化。在清末宣统元年（1909）如此微妙的时间发行的这份画报为我们很好地记录下变化的过程。✿

参考文献：

[1] 刘善龄，刘文茵 . 画说上海生活细节 [M]. 上海：学林出版社，2011：132.
[2] 环球社编辑部 . 图画日报：第三册 [M]. 上海：上海古籍出版社，1999：512.
[3] 同 [2].
[4] 同 [2]596.
[5] 环球社编辑部 . 图画日报：第四册 [M]. 上海：上海古籍出版社，1999：539.
[6] 同 [2]404.
[7] 同 [5]299.

外国画报中的剪辫子

张长龙

　　无论熟不熟悉清朝历史，大多数人都知道清代男子最大的特点就是前额剃发，脑后留辫。这本是满族男性的特色装扮，随着满族入主中原，清代统治者要求所有汉族男性也要效仿这样的装扮，政府颁布《剃发令》，社会中流行着"留头不留发，留发不留头"这种阴森残酷的说法。来到清末，曾经威武的清朝不复存在，清政府丧权辱国、颓势尽显，反清、革命形势风起云涌。很多人为了表达反清决心，第一行动就是把辫子剪去。辛亥革命后，全国上下更是推行剪辫运动。有一份法国画报 Le Petit Journal（小日报）（纵 45.5 厘米，横 123.2 厘米）分两期把这一时刻以大幅彩色图片的形式记录下来，一份发行于 1911 年 2 月 5 日，另一份则发行于 1912 年 5 月 3 日。100 多年后的今天它们成为辛亥革命纪念馆的藏品。

一、法国 *Le Petit Journal* 记录下的剪辫那一刻

　　首先让我们了解一下 *Le Petit Journal* 是一份有着怎样历史的报纸。*Le Petit Journal* 是 Moïse Polydore Millaud（莫伊兹·波利多·米约）创办的一份具有保守色彩的巴黎日报，它最大的特点就是有大幅精美的彩色图片。它在 1863 年到 1944 年间出版，是当时法国四大日报之一，在 1890 年它的

发行量达到 100 万份，5 年后达到 200 万份，是当时世界发行量最大的报纸之一。*Le Petit Journal* 虽然发行于法国，但是它关注的内容却遍及世界各地，当时的中国也是它重点报道的地区之一；从现存的画报内容来看，对晚清、民国初年中国发生的每件大事，画报中都有报道。这些印刷精美的小画报现在已经成为重要的历史资料，不仅填补完善了中国早期影像史料也让我们从另外的视角来重新认识和审视在中国走向世界过程中，西方是如何看中国的。

为什么这样一份具有举足轻重地位的外国画报会如此关心中国男性剪头发这个问题呢？这当然是因为这是个大问题。让我们一起来看看 *Le Petit Journal* 上展现的剪发情景是怎样的。

1911 年 2 月 5 日的 *Le Petit Journal* 上有这样的一幅图（见图 1），画面中背景应为中国某地一街上，街上搭了一个高台，台上有两位理发师傅，他们前面坐着两位留辫男性，一位师傅拿起剪刀正准备把男性的辫子给剪了，另一位师傅则已经成功帮坐在他前面的男子把辫子剪了。高台之下有十几名男性围观，他们似乎在交头接耳热烈议论，他们中有穿西

图 1　1911 年 2 月 5 日 *Le Petit Journal* 关于剪辫子的报道

服戴西式礼帽的，但大部分着中式传统服饰。耐人寻味的是，1911年2月清朝尚未灭亡，人们居然在街上堂而皇之剪辫子！画面中左下角有一位男性，从他的神情上可以看出他对这一场景接受不了，但也只能举着双手无奈地走开。

  1912年5月3日的 *Le Petit Journal* 上的这幅图则是中国历史大人物在剪辫子。他是谁？画报上点出了他的名字"YUAN-SHI-KAI"（袁世凯）。袁世凯剪辫子的架势可讲究得多，左右有侍从侍候，剪发师傅就有两位，他们都是小心翼翼的，而袁世凯坐在太师椅上神情悠然自得。（见图2）早在1912年3月10日，袁世凯已在北京就任中华民国临时大总统。

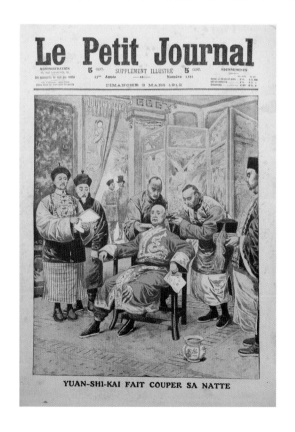

图2 1912年5月3日 *Le Petit Journal* 关于袁世凯剪辫子的报道

二、剪辫子去

头发问题在清代就是一个大问题。顺治二年（1645）朝廷颁布《剃发令》："今者天下一家，君犹父也。父子一体，岂容违异。自今以后，京师内外，限旬日；直隶各省地方自部文到后，亦限旬日，尽令剃发。遵依者，为吾国之民；迟疑者，为逆命之寇。"[1] 自此，脑后留辫是清代男性的标准发型。无论臣民们内心有什么看法，最起码在身体上被统治者成功迫使做出认同的回答。如果留辫是肯定的回答，那不剃发、不留辫就暗含反对政府的意义。僧人与道士可以维持原本发型。那些不想剃发留辫的明遗民利用这点就去当僧人、道士了。清初不少明遗民出家，除了有国破山河在的忧伤外，也与这个规定有一定的关系。明清之际著名的山水画家八大山人朱耷本是皇家世孙，明亡后他先削发为僧，后又改信道教，或许就与这有关系。在太平天国运动中，太平军蓄发不剃，更不编发辫，被称为"长毛"，也有反清的意思。有清一代，反清活动从未平息，中国同盟会纲领的头两句就是"驱除鞑虏，恢复中华"。可见反清的思想在社会中流传其广。

但是随着清政府日渐衰微，它对社会的控制力在不断地减弱，所以辛亥革命前社会上已经有零零星星的人开始把留着的辫子剪去，这除了有政治上的因素外，改良风俗向西方看齐是另一个重要因素。此时中国软弱衰颓，留着辫子的中国人更为西方世界所看不起。所谓的近代化或现代化无非就是以西方社会作为蓝图改造落后破旧的中国，其中包括了社会习俗。当留着大辫子的中国人走出国门后会发现中国人与世界是如此格格不入。最早受西方思想影响而剪辫子的就是留学生。跟随传教士留学美国的广东中山人容闳可谓"中国留学生之父"，在他的争取下中国第一次大规模往西方国家派出留学生——1872 年，72 名官派留学生到美国学习。留美幼童们接受美式教育，过着美式生活，他们在美国拖着长长的辫子，既麻烦又常遭人白眼，故不少幼童索性把辫子剪掉，在见清廷长官时再弄一根假辫子掩人耳目。到了 19 世纪

末20世纪初，不少留学日本等国的留学生已经是光明正大把辫子剪掉，并身穿西式服装。在国内一些新式学堂，学生也陆续剪掉辫子。1905年蔡元培在上海中国公学读书时，学生们基本都剪去了辫子。

从年轻学子开始，剪辫思想在社会上慢慢传播开来。1903年1月15日《大公报》举办题为"剪辫易服说"的征文比赛，这是在公然讨论剪辫子之事。在当时，这是相当大胆之举。在这些复杂因素的影响下，一些开明官员、士绅也开始加入剪辫的行列。例如1905年五大臣出洋考察宪政的队伍里，有一半随行人员的辫子是剪掉的，1911年伍廷芳更是在上海张园举行剪辫大会。

从政府决策层面看，维护辫子是必然选择，但也不代表没人提及剪辫之事。例如戊戌维新时期，康有为就有提出剪辫易服的建议。到了1910年10月3日，资政院召开第一届会议，议员罗杰、周震麟在会上提出了《剪辫易服与世大同》《剪除发辫改良礼服》的议案，两个议案在议员们的争取下获得通过。这使本来只有少部分激进人士敢做的事情一下子得到认可，为社会上声势浩大的剪辫运动推波助澜。这就不难理解1911年2月5日的 Le Petit Journal 上人们为什么能光明正大剪辫子了。

如果说清末零星的剪辫是知识分子或者开明官员的个别行动，那辛亥革命的爆发则是吹响了彻底剪辫易服的号角。辛亥革命后，反清情绪高涨，而最快、最能体现与清朝割裂、划清界限的就是一剪刀把大辫子剪去。当广东宣布独立时，"无论老弱少壮男子以及士农工商，罔不争先恐后，纷纷将天然锁链剪去，是日堤岸一带的剪辫店，自朝至暮，拥挤非常，操此业者，几致食亦无暇……统计是日剪辫者，尽有二十余万人"。[2]

南京临时政府成立后，于1912年3月5日颁布《大总统令内务部晓示人民一律剪辫文》，其内容是："查通都大邑，剪辫者已多，至穷乡僻壤，留辫者尚不少，仰内务部通行各省都督，传谕所属地方，一律知悉。凡未去剪者，于令到三日，限二十日一律剪除尽净，有不遵者违法论。该地方官勿少容隐，致干国纪。又查各地人民，有已去辫尚剃其四周者，属殊不合，仰该部一并谕禁，以除虏俗。"[3] 于是乎全国掀起了轰轰烈烈的剪辫运动，就连溥仪皇帝也于1919 年在紫禁城内亲自把辫子剪掉。

在我们看来，似乎在清末民初时剪辫子是大势所趋，是人所共识，其实不然。有剪辫子的人，自然也有不剪辫子的人，其中有几位还是大名鼎鼎的文化学者。例如文坛怪杰辜鸿铭。辜鸿铭于 1857 年在南洋马来亚槟榔屿出生，青年时代留学英国和德国，精通 9 种语言，获得 13 个博士学位，同时他精通国学，还把《论语》《中庸》《大学》翻译成外语。就是这位学贯中西的奇才，民国成立后，他脑后依旧拖着一条长辫子，甚至要求家人、仆人也留辫子。又例如清华四大国学大师之一的王国维，他脑后也留着一条长辫子。在今天我们很难简单视他们留辫子的这种行为是因为想念前朝，留恋旧习，在他们行为的背后可能有更深刻的社会背景和复杂的人性。而平民老百姓中也不见得人人愿意剪辫。在这场风云突变的运动中，有不少激进做法，其中强行剪辫的行为屡有发生。为了平息民怨，在当时除了出台剪辫法令外，政府也出台不强行剪辫的法令。

自古以来，衣冠服饰就不是单纯的社会生活问题，装束装扮的变化是一个时代结束与另一个时代开始的体现，世界潮流浩浩荡荡，慢慢地中国人的外在形象也开始与西方与世界看齐。❀

参考文献：

[1] 蒋良骐. 东华录 [M]. 北京：中华书局，1980.

[2] 大汉热心人. 广东独立记 [A]. 近代史资料，1961.

[3] 大总统令内务部晓示人民一律剪辫文 [A]. 临时政府公报第 29 号，1912-03-05.

从民国元年广东验契收据
看民初之验契

● 黄翠芳

　　辛亥革命纪念馆藏有一张民国元年（1912）中华民国军政府广东财政司验契收据（苏慎远堂）。该收据材质为纸质，纸张残破，尺寸为纵59.5厘米、横23.5厘米。收据题头为"验契收据"，正文从右至左，右边部分先呈现都督府核定的中华民国军政府广东财政司关于颁发验契收据及调验旧印契的实施办法及相关事项，左边部分为该收据的具体内容。

　　根据该收据右边所列之调验旧印契办法可知，民国元年的广东验契办法主要包括以下内容。第一，验契之收费，根据原契是卖契或典契，收费不同，前者每百两收费二钱，后者每百两收费一钱，即分别为原契价之千分之二或千分之一。第二，验契之期限，广州府限三个月，外府厅州县限六个月，未在限期内办理验契者，经所在地民政长查明，除勒令购买三联新契纸按规定缴税外，还需缴纳一定的罚款，如果是经别人告发而查实的，罚款的八成用于奖励，余下的二成充公。第三，验契三联单之使用。验契三联单是由广东财政司统一编号盖印并颁发各地填用的，三联单本身不需要收费。三联，即存根、收据、存查三联，分别位于三联单的左、中、右部。左联存根，全部上交广东财政司备案。中联收据，粘贴在原契纸尾部，交回业户。右联存查，存放在民政长公署。需要注意的是，馆藏的这张收据仅仅是验契三联单中的

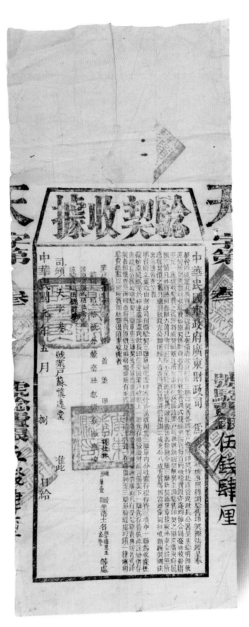

图 1　民国元年广东验契收据

中联，按规定本应粘贴在原契纸尾部，但实际上并没有跟原契纸粘贴在一起，原因不得而知。验契三联单之具体内容，即把典卖原价及田房地坦所有丘段、间数、坐落土名在中联收据上逐一列出，且必须在骑缝处填明验费银数，以作核实之用。该收据左边部分即为相关信息：业户为苏慎远堂，户丁为胡仕林，不动产类型为屋一，坐落土名为学源里王家巷，价值为银二百五十二两，验费为银五钱四厘正，时间为中华民国元年五月八日。收据左上方盖"广东财政司"印，中间盖"广东番禺县"印。该收据左、右两边骑缝处均有字号及验费银数，还有"广东番禺县"和"广东财政司"的骑缝章。

验契，指查验不动产旧契，是政权更替后，新政权承认公民不动产时的手续。验契后发给验契证明，是"证明买卖契纸是否合法的证据，契约买卖是否成立，是否被认可，大多都是要有政府验契证明来确定的"[1]。验契之实施，"滥觞于民元，实施于民三，至民四而大致告一结束"[2]，国民政府定都南京后又再次施行。馆藏民国元年之验契收据，作为民国验契发端之史料，对于研究民国初年的验契具有一定的价值。民国元年，北洋政府财政部曾制定契税章程，令全国划一契纸，对不动产旧契进行更换，发给验契执照重新登记注册。此外，还对之前订立之旧契约未纳税者，限于该章程施行六个月之内补纳契税，否则官府不予承认。可见，民国元年，对于验契，政府并没有制定专门的条例，而只是在契税章程中稍微涉及。民国三年（1914），北洋政府以大总统令颁布《验契条例》，使验契一事有条例可依。北洋政府颁布的《验契条例》，共十七条，从内容上看，是以民国元年的验契为基础来制定的，但更为详细，如第九条制定了"凡逾期未经呈验之旧契，遇有诉讼事件始行发觉者"[3]的处罚措施，第十三条是关于在此之前没有契据的不动产的处理办法等。验契在各地实施的过程中，"各省互异，章制亦时有变迁，盖民情与俗，互有不同，非量予变通，未易就范耳"[4]，但总体来说各地之间不会有太大的差异。

民国初年为何要实行验契？其一，刚成立的北洋政府面临严峻的财政困难，亟须增加财政收入。1913 年 10 月财政部发布《划一契纸章程》并在随文通告中指出验契之缘由："民国成立一载有余，而财政困难达于极点。海关备抵赔款，盐税另款存储，若无补救之方，难资挹注之用。各省军队林立，饷糈缺乏，哗溃堪虞……"[5] 面对如此财政困境，北洋政府"寄希望于验契，以冀通过验契来取得大宗收入"[6]，以解财政之危。其二，人们的主观愿望使然。民国初年，国家初定，刚刚稳定的政治形势让很多人有了想收回自己土地的愿望，再加上孙中山提出的三民主义之民生主义，使得许多人拥有了收回、买卖土地的行动，而当时的北洋政府正好顺应了形势的发展，颁布《验契条例》，保证土地契约的验契进行。[7] 可是，验契在后来实行的过程中，因与人们的利益发生冲突，遭到人们的抵制。如 1914 年山东乐安县的"戕官案"，就是一起由验契引发的义民反对贪官污吏横征暴敛案件。又如 1914 年石家庄行唐县农民的"回差"斗争（指农民要求官府把新增加的验契规定取消，是验契和反验契的斗争），就是以反对验契为主的一次反苛捐杂税的农民运动。此外，"云南、直隶、河南、奉天、广东、甘肃等地也发生了反抗验契及各种苛捐杂税的斗争，形成大规模的抗捐抗税运动"[8]，正是这些农民运动，直接导致了北洋政府于 1914 年宣布"暂停验契"并于 1915 年停止验契。

民国初年北洋政府通过举办验契，梳理了清代遗留下来的民间产业，验契起到了产权证明的作用，保护了民间财产。而由于伴随查验旧契的是征收验契费，因此政府举办验契可以说主要是一种财政手段，意在增加财政收入。[9] 据统计，"至 1914 年 12 月止，验契收入总数达三千二百余万元，1915 年全年复收一千六百余万元，合计达四千八百余万元"，举办验契"成为 1914 年—1915 年袁世凯政府弥补财政亏空的重要手段"[10]，对缓解当时的财政困难起到了一定的作用。但是，需要注意的是，为增加收入而进行的验契，违背了其真正目的——权利确认。另外，验契全凭当事人自行申报，政府不加调查。虽时任国务卿的徐世昌曾针对"各省往往有地非己有，漫填契纸，赴官投验，

预为侵占地步"[11]等情况，拟定了关于验契的保护办法，即"以验契所内所存注册底簿，凡属业户，均许随时到所查阅，遇有假冒等弊，准由原主告发，持契证明。……按照新刑律规定侵占之罪，处以有期徒刑"[12]，但是真正实行起来却并非易事。凡此种种，使验契遭到人们的抵制，实施起来也较为困难。✿

参考文献：

[1] 赵志云 . 民国河北契纸研究：以土地契约为中心 [D]. 石家庄：河北师范大学，2009：36.

[2] 贾士毅 . 民国续财政史：第二编 [M]. 北京：商务印书馆，1933：600-601.

[3] 中国第二历史档案馆 . 中华民国史档案资料汇编：第五辑 [M]. 南京：江苏古籍出版社，1994：1548.

[4] 同 [2].

[5] 金鑫 . 中华民国工商税收史纲 [M]. 北京：中国财政经济出版社，2001：118.

[6] 同 [5].

[7] 同 [1]38.

[8] 张宏儒 . 二十世纪中国大事全书 [M]. 北京：北京出版社，1993：60.

[9] 刘东霞 . 河北近代土地契约研究：1945-1949[D]. 石家庄：河北师范大学，2009：10.

[10] 赖新元 . 中国通史：19：第 7 卷：中华民国（上）[M]. 延吉：延边人民出版社，2000：266.

[11] 中国第二历史档案馆 . 中华民国史档案资料汇编：第五辑 [M]. 南京：江苏古籍出版社，1991：1549.

[12] 同 [11]1549-1550.

从新宁县下坪两等小学堂修业文凭看清末民初的学制

● 范利民

辛亥革命纪念馆馆藏的 1912 年 6 月 20 日广东省新宁县下坪两等小学堂第七期的修业文凭（见图 1），纵 31.7 厘米，横 32 厘米，重 9 克。藏品上方居中标题为"下坪两等小学堂第七学期修业文凭"，环绕花框。下方正文内容为"新宁下坪伍氏两等小学堂黄，为给发修业文凭事照得，本学堂高等甲班，现届第七学期考试完毕，学生伍灿桐本学期总平均分数七十五分，列入优等，相应给发修业文凭，须至文凭者。本学生现年十八岁，系正平村人，曾祖学礽，祖于振，父沛"。落款为"右给学生伍灿桐，堂长黄公辅"。落款时间"宣统中华民国元年六月二十日给"，并盖有"新宁县下坪伍氏两等小学堂之钤记"红色长方篆印。正文内容外绕双重花框。右侧是文凭字号，并盖有相同的骑缝印。背部无内容。该藏品保存基本完整，对我们了解清末民初台山教育概况及学制发展有很大帮助。另一件 1911 年 12 月 15 日新宁下坪两等小学堂修业文凭为第六学期的，内容基本一致。

一、新宁县的教育

新宁县是 1914 年更名为台山县的，是近代著名的侨乡。清末美洲的华侨中，台山籍的就占了三分之一。由于长期在异国受到欺凌，华侨渴望祖国强

图 1　新宁县下坪两等小学堂第七学期修业文凭

大的愿望更加强烈，先进的教育无疑是救国图强的必经之路。清末，清政府财政亏空，且无力对地方实行有力管控，推行地方自治。因此，新宁的教育，很大程度是依赖当地乡绅和海外华侨捐资办学。"光绪卅一年（1905）将宁阳书院改为宁阳高等小学堂，县内各地的书院或义学、村塾也逐步改办学堂，（那时群众也称学生为学堂仔）如：光绪三十三年办的培善小学堂（在那西）、荻海小学堂、浮石小学堂、成务小学堂，光绪卅四年办的下坪小学堂、广海小学堂、谭氏小学堂，宣统元年办的广海广益高等小学堂、爱群小学堂（在顺安）、公益小学堂（在水楼）、搓洲小学堂、竹湖小学堂、端芬小学堂、有秋小学堂（在都斛区村尾）、那金小学堂、淑慎女学堂……"[1]，"这些小学堂基本上都是宗族乡绅所倡办的，但是海外新宁人在一些宗族乡绅的支持下也参与了捐款资助"[2]。

修业文凭显示 1911 年 12 月为第六学期，1912 年 6 月为第七学期，说明半年为一学期，据此，可以推断该学校开学第一个学期约为 1908 年 6 月到 12 月，即在光绪三十四年，与台山文史资料的记载是吻合的。

二、学制的发展

从该藏品内容上看，该学生时年 18 岁从高等小学毕业，与现今情况相差甚远，主要源于学制的差异。该藏品是旧学制分崩离析，新学制确立的真实印证。

中国传统的教育制度中，没有形成连贯的学制，只有小学和大学之分。小学就读年龄一般是 8 岁到 15 岁，大多在家庭或者私塾中完成。小学毕业后直接升入大学学习四书五经。清朝基本沿袭明朝的教育制度，主要实行科举考试制度。鸦片战争后，西方列强打开中国的大门，也冲击了中国的传统教育制度。中国人开始了漫长的教育改革探索过程。比较早开始探索的是洋务派。1862 年洋务派设立京师同文馆，为洋务运动培养新式人才。后秉承中学为体、西学为用的思想，陆续创办外语学堂、军事学堂等，共 22 间新式学堂，为旧式教育革新打开突破口。维新派进一步提出了改革科举，废八股，在各地设立中小学堂的主张。康有为在广州创办万木草堂和谭嗣同、黄遵宪在长沙创办的时务学堂均采用中西并重的教学内容，对当时的教育影响很大，为后来学制改革提供了理论依据和实践经验。

清政府迫于内忧外患，于 1901 年实行新政，在教育方面大刀阔斧地改革，主要包括：创设新式学堂，订立学堂章程；废除了延续 1300 年的科举考试制度；派遣学生出国留学及创办京师大学堂。清政府在此基础上，于

1902 年颁布《钦定学堂章程》，1903 年制订《奏定学堂章程》以取代前者。因为以上两个章程的颁布时间分别为壬寅年和癸卯年，因此此学制也分别称"壬寅学制"和"癸卯学制"。壬寅学制是时任管学大臣张百熙主持制定的，包含了《蒙学堂章程》《小学堂章程》《中学堂章程》《高等学堂章程》等，因种种原因未施行。其规定，"儿童自六岁起受蒙学四年，十岁入寻常小学堂修业三年……无论何色人等皆应受此七年教育，然后听其任为各项事业"[3]，对推动国民教育普及有积极意义。 癸卯学制是中国近代第一个由政府颁布并真正施行的全国统一学制。癸卯学制包括《奏定初等小学堂章程》《奏定高等小学堂章程》《奏定大学堂章程》《奏定任用教员章程》等 21 个部分。内容涵盖了普通教育、师范教育和实业教育的学制，规定了各级各类学校的入学条件、入读年限、课程设置等，确定了小学、中学、高等学堂（或大学预科）、大学的完整的体系。癸卯学制分为三等七级：蒙养院四年，小学阶段包括初等小学堂五年、高等小学堂四年；中学堂五年，高等学堂或者预科以及大学 6—7 年；最高学历教育为通儒院，相当于现在的研究生学历水平，学制五年。师范类教育分初级和优级，初级和普通教育的中学堂平行，优级和高等学堂平行。实业类教育分初等、中等和高等。初等与普通教育的高等小学堂平行，中等与中学堂平行，高等与高等学堂平行。1907 年清政府颁布《女子小学堂章程》和《女子师范学堂章程》，女性受教育的权利和男性渐趋平等。虽然《奏定学堂章程》里规定，"无论何等学堂，均以忠孝为本，以中国经史之学为基"[4]，最终目的还是为维护清政府的统治培养忠实有用的人才，但不可否认癸卯学制的施行结束了当时各地教育混乱的局面，使各类性质的学堂有了统一的制度依据和规划，实现并推动了新式学堂的转变和发展，培养了一大批具备自然、社会科学知识的人才和留学人员，在近代教育的推进上迈出了一大步。癸卯学制施行至 1912 年 9 月结束。

1912—1913 年，中华民国颁布了第一个资产阶级性质的学制"壬子癸丑学制"。该学制分三段四级：初等教育分初等小学四年、高等小学三年；中等教育四年；高等教育设大学本科三年或四年，预科三年。下设蒙养院，上设大学院，不计年限。师范系统有中级师范学校和高级师范学校。中级师范学校本科四年、预科一年；高级师范学校本科三年、预科一年。实业教育系统有甲、乙两种。内容主要包括：改革学堂名称为学校，修业年限缩短至十七年或十八年，教学内容更注重实用性，废止读经讲经科，加强了绘画、手工、农工商、数理化等课程。壬子癸丑学制施行到1922年，完好衔接了清末学制，推动了民初的教育发展，在社会转型过程中起到承上启下的作用。

随着壬子癸丑学制弊端的显现，该学制已不合时宜。"制度太不统一，太不活动，不管社会的需要，不管地方的情形，也不管学生的个性，总将这呆板的几样科目，尽量灌输，致学生在学校里所受的知识和训练，用到社会上去，动有讷凿之虞美。"[5]1922年北洋政府公布实施《学校系统改革令》，该法案进一步完善了修业年限的设置，缩短小学年限1年，延长中学年限2年，允许地方根据实际情况采取灵活措施，明确了小学到高中的课程设置，更偏重实用课程，人才培养注重与社会需求对接。因为1922年是壬戌年，所以该学制被称为"壬戌学制"，又称"新学制"。新学制与现代的体制已经非常接近，为现代学制教育制度的雏形。

"清末民初时期，教育学制呈现新式学堂和私塾、家庭教育二元结构并存局面，教育制度处于改革的过渡期。"[6]该第六期毕业证书落款时间正值清末到民初社会转型期，该学生1912年时值18岁，出生年份应为1894年，癸卯学制1904年才颁布，据此推断该学生应该是接受家庭或者私塾教育后转入新式学堂学习，且该学堂当时实行的是癸卯学制。

从清末民初学制的变革来看，首先，课程内容越来越重视实用性，强调自然科学内容学习，更多实用性课程逐步纳入学制要求；其次，培养人才的方向也冲破封建桎梏，提供个性发展途径，向实业或者师范方向分流；再次，

课程改革的过程也充分体现民主和平等精神。学制的变革渐趋完善，开启了中国近代教育的新时代，意义重大。由此培养的学生，不仅是知识的受益者，也成为清王朝的掘墓人。❀

参考文献：

[1] 广东省台山县政协文史委员会. 台山文史：第 6 辑 [M]. 台山：[出版者不详]，1986：79.
[2] 黄海娟. 台山侨乡百年教育发展初探. 华侨与华人，2012（1/2）.
[3] 舒新城. 中国近代教育史资料 [M]. 北京：人民教育出版社，1961：404.
[4] 顾明远. 教育大辞典：第十卷 [M]. 上海：上海教育出版社，1991：6.
[5] 朱有瓛. 中国近代学制史料：第 3 辑：下册 [M]. 上海：华东师范大学出版社，1992：742.
[6] 贾国静. 私塾与学堂：清末民初教育的二元结构 [J]. 四川师范大学学报（社会科学版），2002（1）：97.

"挣扎于闺阁内外"

——沈佩贞及其离异通电手稿

雍玲玲

1918 年 7 月 10 日《申报》第 16306 号登载了《沈佩贞闹到香港法庭》一文："沈佩贞与湘籍国会议员魏肇文因缔婚事廖（镠）辖，昨日竟赴香港中环警局投诉其事……"[1]自此，沈佩贞与魏肇文的离异案一时成为舆论的焦点。2015 年我们有幸征集到"沈佩贞离异魏肇文致全国通电"手稿（见图 1）。该手稿纸质，朱丝栏六行笺，纵 19 厘米，横 74.4 厘米，从右至左毛笔竖行书写，文中沈佩贞郑重宣言与魏肇文脱离婚姻关系，并详述事情经过。

沈佩贞离异魏肇文致全国通电

南北各省当道参众两院、各省议会、各军警机关、学商农工各团体、各报馆暨乡学戚友男女同胞均[钧]鉴：

窃佩贞浙江世族，父宦两粤，幼承慈训，长学师范，曾随叔父留学日法，游历各国，至辛亥起义，毁家纾难，赞助戎□□□弟均为国捐躯，共和□□□□，驰南北，调和党争，办理教育、实业，稍尽国民天职，为十年来奔走国事，无暇计及婚姻之原因也。民国六年，护法岭南，与国会湘议员魏肇文号选廷者，在会场晤谈数次，政见相同。未几，魏即央媒求婚，再三未允，而家族亲朋咸以慈母年高，婚姻大事，来相劝勉，遂于七年四月十八日，在粤结婚。

沈佩貞離異魏肇文致全國通電

南北各省電道參眾兩院各省議會各軍事機關學

商農工各團體各報館暨卿學歲友男女同胞均鑒

竊佩貞浙江世族父宦兩粵歷各國至辛亥起義鼓家紓

隨叔父遊學日本歷各國……長學師範曾

難……助……　東均為國捐軀共和上

馳南北調和黨事辦理教育實業擔盡國民天職

為十年來奔走國事無暇計及婚姻之原因也民

國六年護法頡南興國會湘議員魏肇文疏延

婚再三未允而家族親朋咸以慈母年高婚姻

大事未允相勸逼於七年四月十八日在粵結婚

者在會場略談數次政見相同未幾魏即央媒求

情聲色不得已苦盡忠告冀往將來尚料忠言逆

僞利己待人無事不用欺詐且家道中落猶儘

相愛彌月始惡魏以前所謂道學問無一不是虛

葶之咳撥作出種種悖理迫不得已在粵訴諸法

庭而魏情虛畏審終並未到案對質適於八年一

月念六日產生二子密念倫常重又為魏之公權顧慮

即將訴訟申請撤銷訟案俱在業經登報聲明八年

秋因公赴湘魏家深表歡迎回家行廟見禮叔弟行均

各方為疏通住適位置綜計結婚五載以來未嘗失德

亦無有負於魏前者席氏因憤魏之不顧家室憂

疾癇空遺一群兒女溘然長逝耗音傳來能無惻隱

幸佩貞從事定業略有積蓄擬以掃擋一切躬趨

襄助不料魏文謀存恿見毫無覺悟度其存心無非

以正式家室為障礙不能仕從平作欺騙婦女之謂也

耳湖佩貞置身社會力謀國是持身獨立痛除依賴

性根自結婚後陰魏文嚙領歲費百元外所有衣

食住葶用竟無仰給於魏文而家庭幸福猶未曾

享受考之古今天下男女室家實為宰有後思肇文

不能醫養席氏於生前又不能料理於身後持家若

此為國何如懷魏在粵大庭廣眾跪地求婚聲言佩

貞不嫁肇文而肇文顧嫁與佩貞云云猶在耳轉

瞬即非佩貞素招國計民生政策始終以禮自閑今昔

志既肇文良心已死難望懷悔於一月秋以著畫嘉

異魏久不及遠近週知乃全民自治非權萌芽之時

代寧乎受此茶毒肇文身為議員憑依權勢政墮

家聲復姜心病狂無可救藥且國家多政住

重即山責無旁貸爰特鄭重宣言與魏肇文脫離

婚姻閣係曲直自有公論毀譽無所容心佩貞獨

以人格名譽為並重謹將經過事實表明心跡伏乞

明達諸君幸垂鑒馬

沈佩貞叩暗

图 1　沈佩贞离异魏肇文致全国通电

相处弥月，始悉魏以前所谓道德学问无一不是虚伪利己，待人无事不用欺诈，且家道中落，犹复尽情声色，不得已苦尽忠告，冀往将来，岂料忠言逆耳，药石成仇。最欺人者，魏家有妻席氏，实犯重婚之条。虽木已成舟，然为名誉计，为人格计，质问肇文。不期反复无常，鬼蜮行为，不一而足，又惑于群小叶夏声等之唆拨，作出种种悖理。迫不得已，在粤诉诸法庭，而魏情虚畏审，始终并未到案对质。适于八年一月念六日，产生一子，窃念伦常义重，又为魏之公权顾惜，即将诉讼申请撤销，铁案俱在，业经登报声明。八年秋因公赴湘，魏家深表欢迎，回家行庙见礼，叔弟行均各力为疏通仕途位置。综计结婚五载以来，未尝失德，亦无有负于魏。前者席氏因愤魏之不顾家室，忧疾痼空遗一群儿女，溘然长逝。耗音传来，能无恻隐。幸佩贞从事实业，略有积蓄，拟以摒挡一切，躬趋襄助，不料肇文谬存异见，毫无觉悟。度其存心，无非以正式家室为障碍。不能任彼再作欺骗妇女之惯技耳，溯佩贞置身社会，力谋国是，持身独立，痛除依赖性根。自结婚后，除肇文嘱领岁费百元外，所有衣食住等用毫无仰给于肇文。而家庭幸福犹未曾享受，考之古今天下男女室家实为罕有。试思肇文不能医养席氏于生前，又不能料理于身后，持家若此，为国何如？忆魏在粤，大庭广众跪地求婚，声言佩贞不嫁肇文，而肇文愿嫁与佩贞云云。言犹在耳，转瞬即非。佩贞素抱国计民生政策，始终以礼自闲，今昔一志。既肇文良心已死，难望悛悔。于一月秒〔杪〕，曾以书函离异肇文，不及远近周知。今乃全民自治，非女权萌芽之时代，宁乎受此荼毒也？肇文身为议员，凭依权势，既堕家声，复失人格，丧心病狂，无可救药。且国家多故，任重邱山，责无旁贷。爰特郑重宣言，与魏肇文脱离婚姻关系。曲直自有公论，毁誉无所容心。佩贞向以人格名誉为并重，谨将经过事实表明心迹，伏乞明达诸君幸垂鉴焉。

沈佩贞叩皓

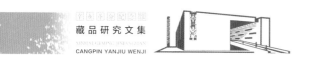
一、沈佩贞其人其事

关于沈佩贞的生平，众说不一。1915 年 6 月 17 日北京《醒华报》："沈佩贞，号义新，原名慕贞，号少华。桂人，生于粤。"[2] 1932 年上海《申报》："沈佩贞，湘产，女界革命老前辈，与黄克强同乡。"[3] 沈佩贞在名片中称自己"原籍黄陂，寄籍香山，现籍项城"[4]。而此手稿中沈佩贞又自称"浙江世族"。

然不论其籍贯何处，作为民初赫赫有名的女界英雄，沈佩贞可谓是民初政坛上的一位风云人物。"（沈佩贞）民初已蜚声于时……而于政谈之席。每击桌起座。大声可震惊屋瓦。"[5] 武昌起义前，沈佩贞曾要求清政府"速开国会，不允。遂奔走两粤，跋涉三江，提倡革命"[6]。武昌起义时，"沈佩贞适在天津谋集同事起事"[7]。武昌起义爆发后，她又参加上海女子北伐队，"创办女子尚武会以办理北伐军后方勤务为目的"[8]。1912 年她又在南京创办中央女子工艺厂和工艺学堂，并与徐宗汉等人发起成立中国妇女计生会。1913 年沈佩贞"自请组南征军"[9]，并"自述征南意见"[10]，又在沈阳发起成立女子救国社。1917 年沈佩贞抵粤，声称"闻国会议员在此开非常会议，组织军政府，一时伟人巨子聚集珠海，护法救国大有文章"[11]。

关于沈佩贞的各种事迹与传闻，民初的一些报纸都有记载，仅 1911—1932 年的上海《申报》有关沈佩贞的记载就有近百篇，足见其在当时政坛及社会上的影响力。其中不乏轰动一时的大事件：

《女会员大展威风》："昨日，同盟会开会投票，选举筹办合并事宜……有女会员唐群英、沈佩贞等数人到会，谓此次同盟会合并何以不知会女会员……何以擅将党纲中男女平权一条删去……又谓宋教仁受人愚骗甘心卖党，大骂不已，且欲以武力对待……"[12]

《二十五日之湖广馆》："……沈佩贞率女会员多人登台将张继诸人皆驱之台下，势极凶猛，逢人便打……"[13]

《沈佩贞大闹亚东社》："是日下午六点钟许，沈佩贞自乘马车，率多人奔至东亚新闻社。一入门即破口大诟，带哭带骂，语嘈嘈不可辩。"[14]

《沈佩贞大闹醒春居记》："大总统府女顾问沈佩贞女士在民国初元时期曾带女子北伐队要求女子参政权，出种种之大风头，在社会上颇有声望者也。"[15]

《沈佩贞大闹神州报分馆记》："北京两年以来所有号称英雄之女杰风流云散矣，而仅存之硕果乃犹有一沈佩贞……"[16]

由此可见，沈佩贞在当时可谓是叱咤风云的人物。

二、沈佩贞与魏肇文的短暂结合

魏肇文，字芷畹，名武伯，号选廷。湖南邵阳金潭县（今隆回县）人。其父魏光涛是清朝末年历任陕西、云贵、两江、闽浙总督的一品重臣。1902年魏肇文留学日本东京，后加入同盟会。1912年当选众议院议员。1917年9月被孙中山聘为大元帅府参议。[17]

沈佩贞自郭同案之后于1917年来到广州，投奔孙中山的中华民国政府，在此期间与魏肇文结识。魏肇文以合照作为婚约，与沈佩贞在广州珠江北岸的东亚旅馆自由结婚。[18]几个月后，魏肇文觉得两人性格不合，离弃沈佩贞。沈佩贞为此写此离异申明并诉诸法律。

三、此手稿是清末民初妇女解放运动典型的时代产物

一方面，作为上过学堂留过洋的新女性，沈佩贞有着一定的觉醒意识，知道争取与维护自己的权益并付诸行动；另一方面，沈氏的行为及言语又折射出当时妇女追求平等平权自由的局限性。

第一，始于晚清盛于"五四"的近代妇女解放思潮，孕育了一批女性社会活动家、革命家。她们走出闺阁，积极融入社会，提倡兴办女学，提高妇女的知识能力；要求革除缠足陋习，培养妇女的自尊自爱意识，使妇女在肉

体上得到解放；在政治上也发表自己的观点，为女性的权利进行抗争。在早期的这些运动中，她们也确实表现了自己非凡的能力，证明了自己的价值。[19]

第二，由于长期以来封建礼教的愚化和奴化，广大妇女已经习惯了被奴役的生活。她们没有自我反思和自我超越的客观环境，这注定了这一时期的女性不能真正彻底地自我解放和独立。[20]从沈佩贞的个人经历，我们不难看出，由于根深蒂固的传统观念的影响，女性对男性有着过多的依赖，女性在追求个性解放的同时，思想上还存有依赖。"她所追求的女权，归根到底依然是对于男权主义的人身依附和甘受奴役。"[21]这是那个特定的历史年代和特殊的历史环境所造成的。

第三，辛亥革命推翻了统治中国两千多年的封建帝制，使民主共和的思想广为传播但并未真正完全深入人心。要使民众完全理解其含义并遵循不是短时间能促成的。女子真正做到自爱、自立、自尊、自强，社会上真正形成尊重妇女的风气也不是靠一两次革命就能完成的。由沈佩贞与魏肇文的关系及法庭的判决，我们可看出，尽管当时社会上革命者大肆宣扬尊重妇女，但实际生活中妇女还是弱势的一方。尽管二者的结合有沈佩贞不是的一面，但法官的最后判决是"此案两造全是姘居性质，既无合约文件，又没有生男育女，双方随时可以分手，和正式夫妻的关系完全不同。本案撤销，不予受理。讼费由原告沈佩贞负担，此后不得滋生事端，否则依法惩处"[22]，实际上最终还是维护男人的地位。而社会上的舆论亦没有站在沈佩贞一方。"沈佩贞与魏议员结婚之笑话宣传已久，近闻有议员某等以魏议员闹此不道德之事，拟提出惩戒案，将魏除名。翟代省长亦接国会议员投函转致函警务处长魏邦平，将沈佩贞驱逐出境……"[23]

第四，民国时期的妇女解放运动思想受西方影响，但又未能明了中西方社会环境及思想观念的差别，故而有时偏离了方向。

清末蒋维乔曾说："夫惟有自治之学识、之道德之人，而后可以言自由；

夫惟有自治之学识、之道德之女子，而后可以言女权。"[24] 长久以来，中国女性的行事规范，一直处于男性主导的制约下，这注定了妇女解放运动的局限性。以为只要杀尽鞭打女权的男贼，就能冲破女性被奴役的樊笼，[25] 这无论是思想还是行动，其实都背离了革命的原本目的。沈佩贞在追求女权平等的同时，其大胆的言行突破了当时社会的"道德底线"。因而她虽然在某种程度上是受害者，但却没能得到社会的同情与认可。她追求的自由恋爱亦无果而终。

1932年，《申报》登载："老民党沈佩贞女士，前因乳痛来沪，经济困难，无法就医。幸由粤南冯君担任医费，在杨树浦宁国路圣心医院医治数月，所费甚巨。复经郑毓秀律师资助款项，卒以病入膏肓。于一月五日在院去世，无以为殓。经沪绅王一亭君购材成殓暂□闸北湖州会馆。连日由其内侄沈世雄向各方泣求资助，以便运柩回里。沈为革命巨子。如此收场，其可慨也。"[26]

参考文献：

[1] 沈佩贞闹到香港法庭 [N]. 申报，1918-07-10.
[2] 饭郎 . 沈佩贞 [M]. 上海：新华书社，1915：35.
[3] 清耀 . 沈佩贞轶事 [N]. 申报，1932-01-16.
[4] 张耀杰 . 沈佩贞：男权社会的照妖镜 [M]// 民国红粉 . 北京：新星出版社，2014：54.
[5] 同 [3].
[6] 女界之伟人 [N]. 申报，1912-01-11.
[7] 同 [6].
[8] 同 [6].
[9] 消弭祸乱之道义 [N]. 申报，1913-08-18（2）.
[10] 沈佩贞自述征南意见 [N]. 申报，1913-08-24（6）.
[11] 地方通信：广东 [N]. 申报，1917-09-13（2）.
[12] 五政党合并改组续闻 [N]. 申报，1912-08-20（3）.

[13] 二十五日之湖广馆 [N]. 申报，1912-08-31（2）.

[14] 沈佩贞大闹亚东新闻社 [N]. 申报，1912-12-19（3）.

[15] 同 [2]7.

[16] 同 [2]7.

[17] 同 [4]58.

[18] 同 [4]58.

[19] 付建舟 . 两浙女性文学：由传统而现代 [M]. 北京：中国社会科学出版社，2011：241.

[20] 同 [19].

[21] 同 [4]61.

[22] 同 [4]59.

[23] 国会议员请逐沈佩贞 [N]. 申报，1918-11-09.

[24] 蒋维乔 . 女权说 [N]. 女子世界，1904（5）.

[25] 同 [19]237.

[26] 小消息 [N]. 申报 .1932-01-12.

整理公债票里的北洋财政困局

● 曹 霞

图 1 是一张 1921 年元年公债整理债票千元票，长 50.3 厘米，宽 32 厘米，息票已兑换两期。

1921 年北洋政府为化解公债危机，避免引起金融恐慌，在银行界的强烈要求下，对过去 10 年发行的内国公债进行整理。这是我国近代第一次大规模的内国公债整理活动。这张债券包含两个信息，1912 年的元年公债和 1921 年的元年公债整理。一种公债两种票券，这种形式贯穿整个北洋政府时期，见证了北洋政府财政捉襟见肘的困境，同时也推动了北洋政府财政的崩溃。

1912 年发行的元年公债，又称"民国元年六厘公债"，是北洋政府发行的第一种内国公债。

1912 年 4 月，袁世凯依靠国内外各方势力的支持，完全攫取全国政权，将临时政府迁往北京，这标志着北洋政府统治的开始。袁世凯虽然当上了中华民国临时政府的大总统，可是他要面临的是财政的巨大烂摊子。北洋政府成立之初，"每月支出政费 300 余万元，入秋后增至 400 余万元"[1]，而中央财政的主要收入来源——各省解款，因为各省独立而基本中断。当时财政部向副总统黎元洪汇报："各省在前清时协解中央款项年有定额。迨国体改革，解款停顿，虽经本部累次电催，而协解之金终属寥寥无几。"1912 年 9—12 月，

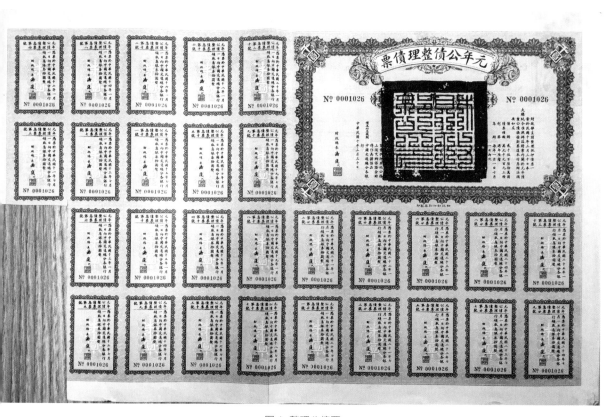

图 1　整理公债票

"中央政府总收入 2719 万余元，总支出 7009 万余元"。1913 年预算，"岁
入 41 266 万余元，岁出 49 787 万余元"。[2] 严重的入不敷出，使得袁世凯
政府只能不断举借外债。1912 年 8 月 30 日—12 月 31 日，4 个月内，共计
9 次举借外债，金额高达 9400 余万元。外债虽然能解决北洋政府的燃眉之急，
但是借的过程也不总是顺利的：1912 年 2 月开始谈判的善后大借款，就因国
际银行团的苛刻要求以及国内的强烈反对，一直拖到了 1913 年 4 月才签订

合同。"借款既不敷用……金融机关停滞不前，各省银根吃紧……"[3] 1912年 10 月 28 日，离开善后借款谈判桌不久的前财政部长熊希龄，提出了关于发行民国元年公债的建议。

1912 年 12 月 23 日，临时参议院议决通过《财政部关于举办元年公债缘由提案稿》："军兴以来，各省入不敷出，多无余力协济中央。中央政府迫不得已，致日恃外债以为挹注之谋，迁延以迄于今，大借款既尚待磋商，小借款又不敷展布。揆时度势，举凡中央银行以及各省之纸币零星之借款等，其应行整理之处又刻不容缓。夫以经费支绌之极如此，而庶事待理之亟如彼，则其势自不得不出于募集内债之一途。现拟举办民国六厘公债二万万元，而以五千万元拨充中国银行之资本，五千万元借换旧有零星借款，其余一万万元则以整理各省之纸币。"[4] 1913 年 2 月 20 日袁世凯政府公布了《民国元年六厘公债条例》16 条及其施行细则 43 条，基本信息如下：定额 2 亿元，票面分 10 元、50 元、100 元、1000 元 4 种；年息 6 厘，每年 6 月及 12 月为付息期；偿还期限 35 年，5 年以内只付利息，5 年以后用抽签法偿还本金；公债以全国契税、印花税为担保；公债每面额 100 元，以 92 元为最低价格。

虽然对元年公债的发行进行了积极的准备，但是袁世凯政府并没有将解决财政困难的希望放在这里，尤其到了 1913 年 4 月，善后大借款的签订使得袁世凯获得了较为充足的军政费用，公债的发行也就不再显得迫在眉睫。因此，元年公债并没有得到广泛的发行。至 1913 年底，元年公债的发行量仅为 512 万 1370 元，加上后续北洋政府财政又遇到困难，公债多次被提请发行，至 1921 年公债整理之前，元年公债一共发行了 1 亿 3598 万零 570 元，[5] 还不及当时定额的 7/10。且元年公债的偿还也是十分困难，除第一期利息预先给付以外，至 1920 年，勉强支付 14 期利息，但是公债自发行到公债整理，从未还付本金，从而导致后期公债发行的价格一落千丈，发行之初，限定不

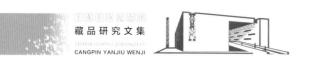
得低于九二折，但是市面三折、四折很普遍，尤其在 1919 年 6 月，北洋政府为了筹备军费，将库存的元年公债票分运到各处贱价出售，在上海面额百元的仅售 21 元，甚至低至 18 元、15 元。假如按 21 元计，每出售 100 元公债，政府收入 21 元，公债每年付息 6 元，30 年需付息 180 元，加上本金合计 280 元，即每售出 100 元公债，国家将亏损 259 元。若再以金融市面规则计算子息，国家亏损更大。公债发行不定时，本息不能按时偿还，公债基金不稳定，发行价格低贱等原因，导致元年公债成为整个北洋政府时期发行最糟糕的公债。

此后，北洋政府又陆续发行了民国三年公债、民国四年公债、民国五年公债、民国七年短期公债等共计 9 种公债，加上继承的清政府发行的爱国公债及南京临时政府发行的军需公债 2 种，共计公债 11 种，北洋政府的债台高筑。1921 年 3 月 4 日《申报》登载《惊心动魄之内外债》："民国以来，无政可记，惟有借债一事东挖西补，妙想大开，为他国之所不及。计新旧各债，截止（至）去年年底，外债共三十余万万，内债已三万万有奇。债台百级，危如累卵……"公债泛滥发行，偿还日益困难，价格日趋低落，给国家造成巨大的损失，在当时的社会造成恶劣的影响。政府公信丧失，国家财政陷入恶性循环。最终，北洋政府不得不接受银行界的建议，进行内国公债整理。

1921 年 1 月 28 日，北洋政府当局开始与银行界以及海关总税务司安格联就内国公债整理问题进行讨论，政府方面以内国公债局总理梁士诒及财政总长周自齐为代表，银行方面以中华银行副总裁张嘉璈为代表，三方正式召开"第一次整理公债会议"，拟对元年公债"用特别方法整理"[6]，即"元年公债按 3 折计算以还本付利，自 1921 年起分 10 年 20 次还清"[7]。2 月 19 日，经过多轮磋商，北洋政府财政部与银行工会达成一致意见，"决定另发整理六厘新债票一种，规定每旧元年债票百元，得换新债票四十元，……凡持有元年债票者，均须从速换领新票"[8]。自 1921 年起，即行抽签还本，分 10 年还清。

1921 年的公债整理，北洋政府旨在挽救自身公债信用，避免金融动荡，虽然在短期内取得了一定效果，增强了投资者的信心，但是由于在公债整理之前，北洋政府的公债信用已经遭受重创，民众显然已经不相信政府会给老百姓实惠。元年公债 4 折整理，按实际发行额度计算，本金由 1 亿 3598 万零 570 元减为 5439 万 2228 元。1921 年 3 月 4 日《申报》登《滑稽之整理》，比较形象地说明了民众对这次整理案的认识："元年公债之有待于整理，固也。然所谓整理者，仅以百圆之票改为四十圆，其整理之法，可谓武断矣。况此四十圆者，固仍是一纸，安能保他日不再整理？经一次整理，百圆减为四十圆，经二次整理，将减为十六圆；经三次整理，将减为六圆四角。果用此法以处元年公债，可减至最少数而等于无。果由此法而推至他种公债，政府可以借债而不还。此虽滑稽之说，而推论固应如是。吾非以此姗笑财政当局，元年公债一至于斯，固非今日财政当局之过，而为历来军人与政客之过。军人政客紊乱财政，后来司财政者，乃苦于不可收拾，发为愤慨之辞。特今之军人政客仍未改良，主财政者出其毕生之伎俩，与此辈周旋，其结果亦可想而知。不识后之视今，亦犹今之视昔否？"

而且，此次内国公债整理，加速了中国银行业脱离政府财政。在北洋政府发行公债的初期，银行业获利颇丰，不仅承销公债，还为北洋政府发行公债摇旗呐喊。但在政府公债信用危机之后，中国的银行业经营方向就发生了根本性的改变，"以后无论何项借款，凡用于非生产事业者，在团体之内各银行，概不投资"[9]。银行业的离心，抑制了北洋政府进一步大规模发行政府公债的可能；政府财政危机加剧，从而也加快了北洋政府的垮台。

内国公债整理后至 1928 年北洋政府垮台前，元年公债前后共抽签 5 次，偿还本金 1522 万 9824 元，还欠本金 3916 万 2404 元。国民政府接收整理各公债以后，改订内债条例，在保证元年公债利息不变的前提下，将付息

时期由每半年一次改为每三个月一次。也因为各种原因，元年公债直至民国三十六年九月（1947 年 9 月）才还完全部本金。❀

参考文献：

[1] 贾士毅 . 民国财政史 [M]. 上海：商务印书馆，1917：45.

[2] 十年以来中国政治通览 [J]. 东方杂志，1913，9（7）：54.

[3] 中华民国史档案资料汇编：第三辑 [M]. 南京：江苏古籍出版社，1991：868.

[4] 同 [3].

[5] 王宗培 . 中国之内国公债 [M]. 上海：长城书局，1933：6-7.

[6] 专电 . 申报，1921-1-30.

[7] 杂纂：张公权氏之整理内债谈 [J]. 银行周报，1921，5（7）：24-29.

[8] 孔祥熙 . 关税纪实：全一册 [M]. 海关总税务司公署统计科，1936：577.

[9] 银行工会之建议案 [J]. 银行周报，1921，5（3）.

纪念共和　慈爱恒存

——1931 年开国纪念贫儿第一教养院收据概述

陈咏仪

图 1 为纸质文物，纵 16 厘米，横 7.1 厘米，重 1 克，单面黑白印刷，基本完好。收据中印有蝴蝶纹长方形边框。框中内容为"兹承余大又先生（会）捐助敝院一百元　该款业由经募人　先生照交无讹合掣收据为证　开国纪念贫儿第一教养院院长黄宗汉（此下方盖有朱墨方印，篆书阳文：黄宗汉印）中华民国廿年三月八日"。而收据左侧注有骑缝字号，并骑缝盖有该院的朱墨方印。此份文物是开国纪念贫儿第一教养院于 1931 年在美国进行募捐活动的重要历史见证品，此中所含点滴甚为珍贵。

一、香山女侠巾帼先驱简介

文物中所提及的开国纪念贫儿第一教养院院长黄宗汉即为徐宗汉（1876—1944），原名佩萱，原籍广东香山（今珠海、中山一带），1907 年在槟榔屿加入同盟会，1908 年被派遣回广州，与高剑父、潘达微等设立守真阁裱画店[1] 进行革命活动，于此期间改名为徐宗汉[1]。1910 年她参加广州新军起义，负责联络工作。1911 年 4 月广州黄花岗起义时，她曾负责秘制炸弹、运载军械至广州。广州起义失败后，她护送黄兴至香港，以亲属身份为黄兴于香港雅丽氏医院治疗签字，姻缘辄由此而来。武昌首义后，其随黄兴到武汉，并

---

① 即同盟会溪峡分机关，现位于广州海珠区南华中路溪峡街。

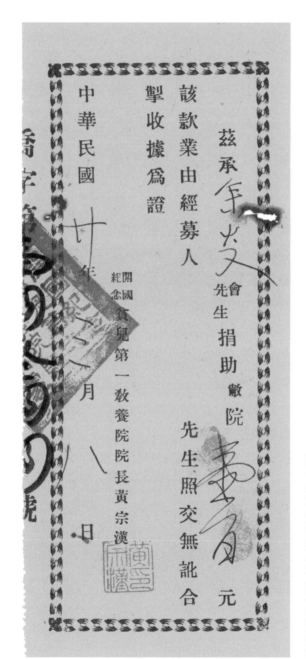

图一 1931年开国纪念贫儿第一教养院收据

协助有"女界之梁启超"称誉、中国赤十字会会长张竹君在汉阳设立临时医院。

1912 年民国成立后,徐宗汉积极投身妇女界的政治活动,为争取妇女权益和谋求妇女的解放而奔走呼号。孙中山聘她为临时稽勋局的名誉审议。同年 8 月担任开国纪念贫儿第一教养院负责人。[2] 二次革命后,她跟随黄兴远赴海外继续进行民主革命斗争,于 1916 年归国。

1919 年五四爱国运动爆发后,徐宗汉与李果等共同发起成立了上海中华女界联合会,徐宗汉被推举为该联合会会长,领导上海妇女投身爱国运动。而中国共产党的创始人陈独秀、李达等为了推动中国妇女解放运动发展,希望在《新青年》之外再创办一份妇女刊物为宣传阵地。他们真诚热切地与徐宗汉商量,并得到了她的大力支持。1921 年 12 月《妇女声》[1] 作为上海中华女界联合会的机关刊物出版,在当时对妇女解放运动产生了积极广泛的社会影响。1922 年 2 月徐宗汉与中国共产党合作,以上海中华女界联合会的名义创办了平民女校[2],为"养成妇运人才,开展妇运工作"而致力于培养妇女运动干部。当时徐宗汉不仅资助了平民女校部分经费,更为办学做了大量的组织协调工作。而在第一次国共合作时期,徐宗汉真诚拥护孙中山先生提出的"联俄、联共、扶助农工"三大政策,并成为中国共产党人的挚友。

徐宗汉晚年时不断致力于抚育遗孤和抗日救国活动,为社会的公益事业、为全力反抗日本帝国主义侵略做出了卓越贡献。特别令人敬佩的是,在 1931 年(正是文物提及的"中华民国廿年"),徐宗汉竟不顾体弱多病,专程远赴美国向华侨宣讲,共募捐四万多元[3],以用作开国纪念贫儿第一教养院之经费,解了燃眉之急。而这份文物正是这次海外募捐活动的重要历史见证品。它既让后人体会到了徐宗汉等教养院工作人员为抚育遗孤之奔走呼号、尽心竭力;同时亦代表了正如收据中的捐赠者余大又先生这样的爱国华侨,对当

---

① 中国共产党领导下的第一份妇女刊物。
② 中国共产党创办的第一所女子学校,陈独秀、高语罕、陈望道、邵力子、沈雁冰、沈泽民、张秋人等曾在该校执教。现位于上海成都北路,即中共二大会址的对面。

藏品研究文集

CANGPIN YANJIU WENJI

时多灾多难的国家及同胞付出的报国之心、热诚之志——这种家国情怀将百世流芳。

1944年巾帼先驱徐宗汉病逝重庆，时年68岁。综其一生真诚爱国，不懈坚持革命理想，不断追求社会进步，后人一直对其有高度评价，赞誉徐为"香山女侠"。柳亚子先生曾为其写下挽诗："南社湖湘几隽流，兼资文武克强道。颇闻俪侣侪薪国，曾共潜师袭广州。白发今悲辞浊世，黄花昔与赋同仇。周嫠恤纬艰危甚，病榻巴渝积愤留。"以此表达了对这位巾帼先驱传奇经历和卓越贡献的深切缅怀。

二、开国纪念贫儿第一教养院之概况

民国元年（1912）于南京创办的开国纪念贫儿第一教养院是民国时期第一所专门的贫儿教养机构，对我国近代的慈幼救济事业具有重要的开创和推动作用。

1912年1月中华民国临时政府在南京成立，当时南京城内外许多儿童无家可归。1912年2月，"粤军从徐属一带，携归灾童数百，无法安置"[4]，广东北伐军姚雨平部在转战皖北、苏北后，将收留的200多名孤儿也带回了南京。时任南京临时政府陆军总长的黄兴得知此事，即通知陆军部副官处负责寻觅民房收容；夫人徐宗汉见此景况，认为这些难童都是国民后裔，其中还有不少是烈士遗孤，希望尽快建立一所慈幼机构，将难童收养起来。[5]为此，她努力奔走呼号，促成海内外许多仁慈之士纷纷鼎力资助，黄兴更是带头捐出巨款。[6]他们经过半年多的各方奔波、同心协力，使贫儿教养院得以筹备起来。

1912年8月开国纪念第一贫儿教养院在南京成立。孙中山亲笔题写了院名，选址在上元县衙 [1]，由黄兴夫人徐宗汉担任院长。创建之初，孙中山一次拨给开办费8000元，并规定今后由江苏省长公署每月拨发2000元。[7]当时

---

1 现南京市白下路101号大院内。

收容的难童大部分是战乱中失去了亲人的孩子，平均年龄在十岁左右。

　　然而 1913 年二次革命失败后，徐宗汉被迫放弃了贫儿教养院工作，将院务委托给周其永女士，并随黄兴远赴海外继续进行民主革命斗争。1916 年归国后，徐宗汉虽然非常惦记南京贫儿教养院的孩子们，但惜当时的南京处于北洋军阀势力统治下，她无法亲身回去主事院务。[8] 而在此期间，教养院虽然继续保存，但各种工作无法得到保障，周其永女士"一本院旨，惨淡经营，不遗余力"[9]，其为艰难地继续开展着教养院的工作。1919 年，该院又因人员不慎导致房屋被焚，几乎无法维持。[10] 1927 年，北伐军攻占南京后，徐宗汉从上海赶往南京，继而接办了教养院，她恢复院名以彰显纪念共和，并对教养院的组织机构进行了调整，成立了该院的最高机构董事会以拓展慈善事业的各项保障，还聘请了林庚为负责日常院务的院务长。[11]

　　事实上教养院的开办一直殊不容易，为了筹集教养院的经费，徐宗汉及教养院的工作人员经常需要向各方进行募捐。1931 年徐宗汉不顾体弱多病，为了教养院的发展，远赴重洋，在美国与海外侨胞举办募捐。经过她的奔走呼号，海内外众多仁义之士纷纷为贫儿教养院解囊相助。此次劝募共得四万多元，"除了旅费万余元之外，还有三万余元……幸得有这笔捐款拿来补救，否则真是不堪设想"。[12] 当中甚为值得一提的是，徐宗汉在美期间适逢"九一八"事变爆发，她带领工作人员把以帮助贫儿为目标的募捐活动扩大到为东北义勇军募捐，更先后赴墨西哥、巴西、古巴、秘鲁等国向当地华侨募捐，并尽快把捐得的款项汇寄给在国内前线的抗日战士。[13]

　　1932 年，徐宗汉认为国内土地资源丰富，需要大量的农、林、牧方面的人才，遂在安徽省宣城县茹市成立了教养院农场，这也是我国较早的寓教于农的社会救济性质的农场之一。[14]

　　1937 年抗日战争全面爆发，正在蓬勃发展中的教养院各项工作只得停顿。就在南京沦陷前夕，徐宗汉及时带领部分贫儿到大后方继续进行抗日宣传等

活动。[15] 1938 年，徐宗汉甚至不顾自己年事已高，亲自带领部分贫儿出国，到泰国看望华侨，同时为贫儿募捐以及宣传抗日救国，呼吁侨胞支援抗战事业。[16] 1939 年徐宗汉曾在云南创办开国纪念贫儿第一教养院云南分院，但因战乱及经费困难而停办。日本侵华战争致使中国山河破碎、民不聊生，更对贫儿教养院事业造成了严重摧毁。

1940 年徐宗汉移居重庆，经常与周恩来、邓颖超、董必武等中共党员及民主进步人士来往。1944 年 3 月 8 日，做好了贫儿教养院各项工作安排后，68 岁的徐宗汉在重庆与世长辞。在抗日战争胜利后，一直为贫儿教养院尽心竭力的周其永女士曾多次与南京社会局接洽，望复院以帮助救护贫儿，但令人遗憾的是未能实现[17]。虽然开国纪念贫儿第一教养院已完成了历史使命，但当时社会各界及海内外爱国人士对教养院的倾心付出、鼎力相助将垂馨千祀。

三、开国纪念贫儿第一教养院之推动意义

中国社会的慈善救济活动历来已久，据知早有由政府开办的孤儿院慈幼局在南宋淳祐七年（1247）于临安（今浙江杭州）成立。而自近代以来，中国传统的慈幼救助事业在东西方各种交汇及影响下开始转型，清末至民国年间出现了一批近代意义上的慈幼救助组织。

民国元年在南京开办的开国纪念贫儿第一教养院是中国近代贫儿教养事业常规化和持续化的重要开端。其组织结构、经费筹备、贫儿管理、教养模式等方面对中国近代贫儿教养事业有着开拓及推动作用[18]，在中国社会救济的近代转型历程中具有典型的时代意义。

虽然在民国时期的历史和社会条件下，开国纪念贫儿第一教养院在开办历程中受到国内外时势局限，存有社会遗憾。但值得后人铭记的是，据载在1912 年至 1934 年之间，教养院曾经收养了 1500 多名贫儿[19]，使他们不但

生活得到照料，还能学习文化技艺，望他们能自食其力，安家立业，这些成效在当时来说极为难能可贵。这所创立在民国元年，有着推翻专制、纪念共和意义的开国纪念贫儿第一教养院，蕴含着徐宗汉等教养院工作人员多年的竭诚付出，以及当时海内外社会各界人士的热心救援；其典型的示范及推动意义永远值得后人铭记缅怀，具有重要的社会进步贡献。✿

参考文献：

[1] 辛亥革命纪念馆 . 辛亥革命时期的广东名人传略 [M]. 广州：华南理工大学出版社，2014：245.

[2] 王洋，袁彩霞 . 民国时期的贫儿救济：以南京第一贫儿教养院为例 [J]. 重庆科技学院学报（社会科学版），2014（1）：136.

[3] 同 [2]137.

[4] 同 [2].

[5] 同 [1]247.

[6] 深圳晚报 . 徐宗汉与民国第一所贫儿院 [EB/OL]. （2011-9-10）[2018-12-17]. http://roll.sohu.com/20110910/n318980296.shtml.

[7] 同 [2]137.

[8] 南京日报 . 黄兴之妻与民国第一所贫儿院 [EB/OL]. （2011-8-23）[2018-12-17]. http://news.163.com/11/0823/08/7C4K07D200014AED.html.

[9] 同 [2].

[10] 同 [2].

[11] 同 [2].

[12] 同 [2]137.

[13] 同 [1]247.

[14] 郭静洲 . 设在宣城的"开国纪念第一贫儿教养院"实验基地 [J]. 江淮文史，2007（3）：70.

[15] 同 [2].

[16] 同 [1]247.

[17] 同 [2]137.

[18] 同 [2]137.

[19] 同 [2]138.

润例纸上看民生

曹 霞

    图 1 是辛亥革命纪念馆收藏的 1948 年（戊子岁次）广州蔡真步堂伯励氏润例广告纸，尺寸为 29.4 厘米 ×29.2 厘米，红底黑字，铅印。在辛亥革命纪念馆收藏的众多商标广告纸中，这张广告纸一点也不引人注目，既无精良的印刷，也无图文并茂的设计。但是，就是这样一张其貌不扬的广告纸，从四个角度，给我们展现了一段动态的民国生活。

一、润例

    "润例"，这是一个从现代人生活中逐渐消失的词语。润例即润格，典出《隋书·郑译传》："上令内史令李德林立作诏书，高颍戏谓译曰：'笔干。'译答曰：'出为方岳，杖策言归，不得一钱，何以润笔？'上大笑。"后人就将请人作诗文书画的酬劳称为"润笔"，而将所定的标准称为"润例"。收取润笔是中国传统的买卖书画印文的方式，但在较长时期内，收取润笔被视为不文雅之事，当事人羞于计价。直到清初的戴易首创明码标价，挂牌卖字"榜于门，书一幅止受银一钱，人乐购之"。最具影响力的应该首推郑板桥的笔榜，将字幅的大小与价格联系起来，并称"送现银则心中喜乐，书画皆佳"。此后，金石书画润例被社会广泛接纳，至民国时期，成为一种普遍的社会现象。"明码标价"的书法润例的出现，标志着书画市场已完全进入了货币经济的轨道。这应该也算是中国传统文人寒窗苦读之后，实现"书中自有黄金屋"的另一种有效途径。例如清末民初著名艺术大师吴昌硕有明确润例"刻印每字四两"，比照"清王朝六品官员年俸四十五两"，这个价钱已不是普通百姓可以承受的。

此张润例广告纸所刊载的内容，并非书画润例，而是蔡真步堂所定的收费标准。润例习惯以社会名流作推介，蔡真步堂和当时的广东地区社会名流关系密切。早年蔡真步堂初创时，为蔡家作序的是南海籍翰林桂坫，他恭维说："顺德蔡最白茂才，专于天文算学，兼精日者之术……所选择诚有合于天光下临，地德上载者，以故远近为之敬重。"此张广告纸上为蔡真步堂作序的是南海人江孔殷，人称"江太史"，历经维新变法、末代科举、辛亥革命、抗日战争等重要历史节点，革命党人潘达微、京剧大师梅兰芳、粤剧名伶薛觉先、岭南画家李凤公、文献学者冼玉清都与其有交集。有了这些文人名士的推荐，蔡真步堂经营的虽是"日馆"，也就是经营择日时辰之学，却可以书画润笔的名义收取费用。

二、蔡真步堂和蔡伯励

蔡真步堂创立于 1896 年，"日馆"设在省城归德门外，即今日广州高第西街。创始人是顺德蔡最白，他是个秀才，对数学、天文非常感兴趣。据蔡家的传说，他曾经在宫廷的钦天监里面谋了一个小职位。蔡最白擅长推算天文，所著《春秋天文考》，以《春秋》里面提到的日食、月食等天象，推算出天象发生的时间。

蔡伯励，1922 年出生，蔡真步堂天文历算第三代传人，精于天文历算、堪舆之术。蔡伯励小时候对风水堪舆很排斥，认为不可信。后来日军侵华，时局纷乱，他没办法好好上学，父亲就建议，"不如跟我学学这些东西，没准将来也可用来糊口"。于是在十六七岁的时候他开始跟随父亲学堪舆。曾

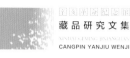

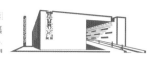

蔡真步堂伯勵氏潤例
現由第弍號遷往第七號接教惠教諸君請移玉趾
近有影射請認眞高第西街第七號伯勵氏日舘
（另著有逐年七政經緯曆書發售）
舘在廣州中正北道即舊名維新路高第西街第七號
餘無分枝別處惠教 諸君請認地址門牌庶不致悞
順德蔡君伯勵爲龍江蔡最白先生嫡孫廉仿先生長公子早年最白先生爲山堂專課高材生研精天文歷算尤工日者術著有七政經緯諏吉曆書弧角圖算各省立命表等書風行海內蓋其選擇深得乎天光下臨地德上載之要竅自喆嗣廉仿君篤守家學至今文孫伯勵君英年岐嶷穎悟過人續承世業新舊和融尤多觸類旁通之妙避凶趨吉說易有言不可失之交臂方今物價變動極速向定潤例非薄太甚不足供學者養廉因爲釐其繁簡重訂白米潤章世有知音伏希諒譽
戊子歲秋 南海江孔殷霞公謹識
弧角七政造命吉課換米潤例詳列
建四柱三進神廟祖祠學堂鄉約課白米肆佰司斤大修同
建四柱兩進神廟祖祠學堂鄉約課白米叁百司斤大修同
建小兩進神廟祖祠會館公所吉課弍百肆拾司斤大修同
小修四柱三進兩進神廟祖祠學堂鄉約吉課壹百肆拾司斤
小修小兩進神廟祖祠會館公所等吉課壹佰弍拾司斤
重修始祖考妣山墓課弍百伍拾司斤葬亦同
重修開房祖考妣山墓吉課壹佰司斤葬亦同
建文廟書院文塔寺觀吉課伍佰司斤大修同
小修文廟書院文塔寺觀吉課白米弍佰司斤
建造三間兩廊或兩便過屋舖廳壹佰弍拾司斤大修同
如建三四進深三四便過屋舖廳吉課加倍 大修同
修方建造吉課壹佰伍拾司斤大修亦同
建造土地財神小廟課白米壹佰司斤修亦同
建造社稷神壇吉課白米壹佰司斤修亦同
建造石橋水閘吉課白米壹佰司斤即修亦同
至於門戚世友 各誼不在此例
修建炮樓門樓課壹佰司斤
修建小舖屋戶課壹佰司斤
建醮賽會課捌拾司斤
修建牌坊課捌拾司斤
屋開龍口課柒拾司斤
修石橋石路水步課柒拾司斤
建造船隻課柒拾司斤
建造木橋課柒拾司斤
安葬修山結石課捌拾司斤
安葬修山結磚批灰課陸拾司斤
入墓祔葬課陸拾司斤
遷山安葬課伍拾司斤
吉地安葬課肆拾司斤
修山安碑課肆拾司斤
乾山開土課弍拾司斤
眞步堂主人蔡伯勵識
祠廟崇陞課六拾司斤
祔祀祖祠課伍拾司斤
修建閘門課伍拾司斤
小修尾舖課肆拾司斤
小修方吉課肆拾司斤
進宅開張課叁拾司斤
結婚嫁娶課叁拾司斤
新船進水課弍拾司斤
赴任進衙課弍拾司斤
彌月拜壽課弍拾司斤
留髮進學課弍拾司斤
安床作灶課弍拾司斤
開渠穿井課弍拾司斤
開門窗口課弍拾司斤
上枱祔祀課弍拾司斤
〔選擇吉課潤例請以上齊眉米按廣州每日商報行情伸合國幣相送〕
〔諸君惠教祈爲賜足委擇吉課先惠潤例約期到取改選者課例照收〕
各地來信封面請寫『廣州市（22）區高第西街七號伯勵氏日舘收』可迅速投遞

图 1 广州蔡真步堂伯励氏润例广告纸

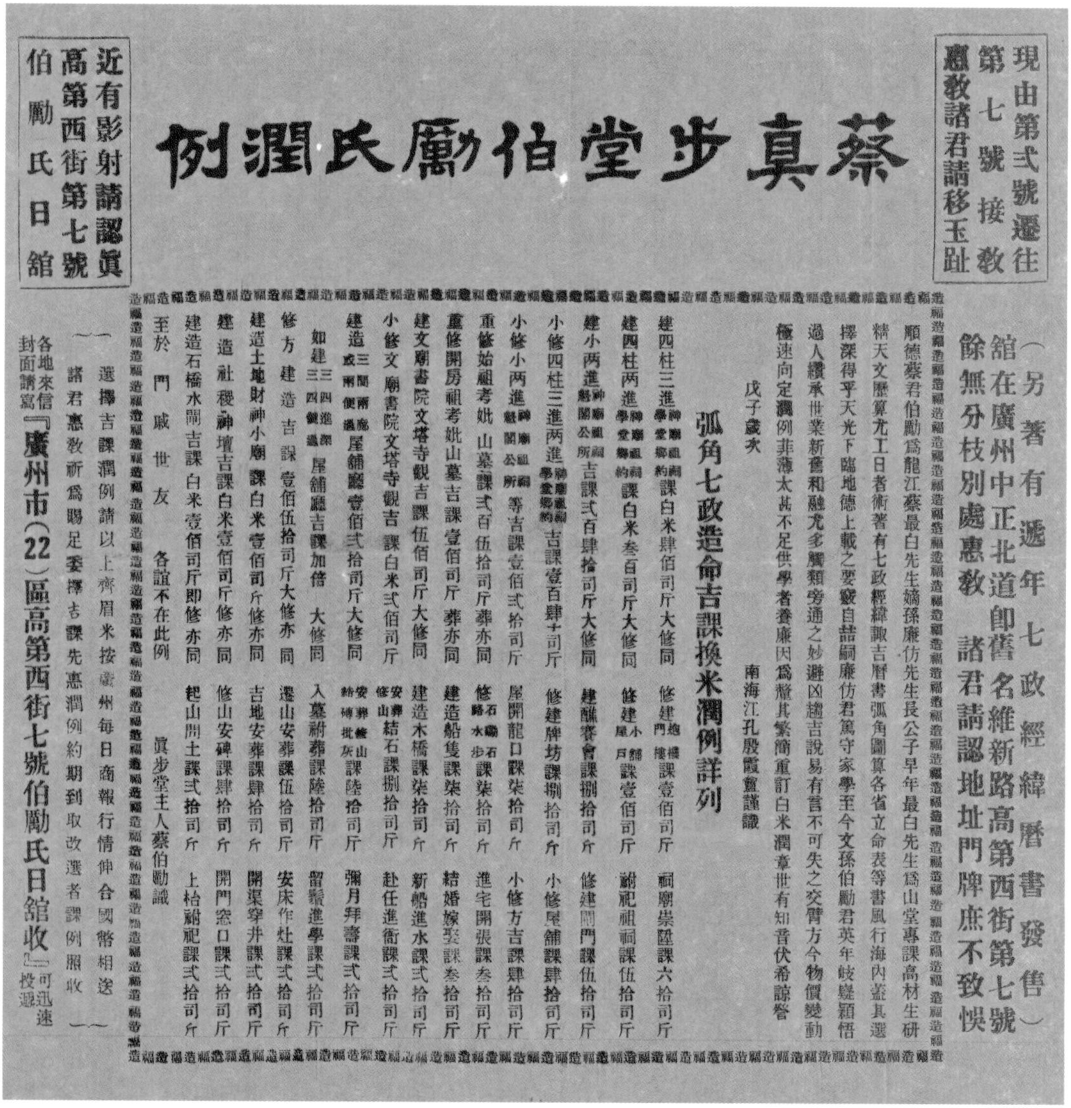

师从当时颇负盛名的数学家张兆驷，并跟随曾任国立中山大学校长兼天文系主任的张云研究天文数学。他得先辈真传，经潜心钻研、长期积累，把"天星五行、日月拱照"等学说加以丰富完善。蔡伯励的学说在粤、港、澳和海外有广泛影响。

三、中正北道

　　地名作为表称地点的文化符号，积淀了丰富的历史文化内容，它从一个特定的侧面记录了人们的社会实践活动。地名又是变化的。因着历史上某些重大事件或者人物，地名也会有所变动。因此，对地名的研究，是人类激活历史文化记忆的一种努力。近代广州市的大部分地名，因城市的变化发展、著名历史人物在此地的活动而多次变动。有些地名变动是有据可考的，而小部分，尤其是一些小的城市街道、地名的变动，并无明确可供查找的记载。人们只能根据历史遗留下来的某些物件上的记载去证明，这一地名历史上曾有过的变动。

　　此张广告纸上有"馆在广州中正北道即旧名维新路高第西街第七号"的记载，查遍广州相关地名的书籍资料，并无"中正北道"记载。《广州城坊志》有关于维新路的描述："维新路1919年拆街建路，为当时广州最宽马路之一。因多穿越清代衙门内空地拆建，如抚台前空地、按察司等，故取维新变革之意，名维新路。1948年改中正路。1950年复维新路。1966年改广州起义路。长525米，宽27米。"维新路曾在1948年改为中正路，而此张广告纸也诞生于"戊子岁次"即1948年，据此可以推测，高第西街曾在1948年更名为中正北道。一张老广告纸，并不能完全说清楚"高第西街"与"中正北道"的历史变动轨迹，我们只能从中窥得一隅，但是相信未来，越来越多的史料被发现，老物件重现于世，这段历史终会有被后人确认的一天。

四、"弧角七政造命吉课换米润例详列"之"换米"

润笔所收，现银居多，郑板桥就说过"送现银则心中喜乐"。而蔡真步堂的这张润例广告纸所规定的润例是论"米"，"建四柱三进神庙 祖祠 学堂 乡约课白米四百司斤[1]……新船进水课二十司斤"。在这里暂不评论蔡真步堂的润例规定是否物有所值，而是透过蔡真步堂润例明确规定酬劳按大米多少司斤来计算这一现象，我们看到了1948年国民政府的通货膨胀多么严重，整个国民经济摇摇欲坠。

国民政府是如何让市场经济回归到"以物易物"的原始时代？

数据应该是国民经济最直观的反映：1945年8月抗日战争结束时，国民政府法币的发行额是5569亿元，同年底，法币发行量已突破1万亿元大关，达10 319亿元；1946年底更增至37 261亿元；1947年12月高达331 885亿元；1948年8月21日，竟高达6 636 946亿元之巨，短短的8个月以来增加了19倍，[1]币值已贬到不及它本身纸价及印刷费的价值。

于是国民政府孤注一掷，发行新的通货金圆券来取代法币，以1∶3 000 000的比例收兑无限膨胀的法币。1948年8月19日付诸实施，发行总限额为20亿元。但政府当局很快自食其言。1948年12月，金圆券的发行量已达83.2亿元；1949年1月，再增加至208亿元；1949年5月，更猛增至679 458亿元，是金圆券发行限额的近33 973倍，如果以1∶3 000 000的兑换率折合成法币，则数额高达2 038 374 000 000亿元，这简直是个天文数字，相当于1937年6月的144 565 531 900倍。票面额也越发越大，从100元到1万元、10万元，最后竟出现50万元、100万元一张的巨额大票。金圆券最后遭到人民拒用。[2]

恶性通货膨胀必然导致物价疯狂上涨。1946年后，大米每石[2]从7625元涨至62 333元。1947年5月15日出版的《群众》第16期上，有一篇文章

① 1司（马）斤≈605克。
② 1石=100升。

《生存斗争的新浪潮》："四月份以来，米价的高涨，严重的威胁着每个家庭每个人的生活。一月底还是六万元一担[1]的白粳，现在已经涨到三十五万元了。三个月就涨了六倍。"然而到了 1948 年 8 月，为配合金圆券发行，南京政府对物价、工资实行冻结，即"八一九"限价。市面随即刮起了抢购风和抢米风潮，国民党政府强制执行限价政策 70 天后于 11 月 1 日被迫宣布放弃。于是整个物价犹如决堤的洪水，一发不可收拾。11 月中旬，米价已从限价时的每石 20 元 9 角，一度突破了 2000 元大关，上涨近 100 倍。1949 年 5 月米价最高时每石超过 3 亿元。通货膨胀使货币不断贬值，到后来货币基本失去了实际购买力。100 元法币在 1937 年可以买 2 头黄牛，到抗日战争结束后的 1945 年只能买 2 个鸡蛋，1946 年只能买 1/6 块固本肥皂[2]，1947 年只可买 1 只煤球，1948 年 8 月 19 日只能买 0.002416 两[3]大米，1949 年 5 月只能买 0.00245 粒米。

物价飞涨、币值日跌，货币逐渐丧失了价值、储藏和交换媒介的职能。人们拿到纸币后，就像拿了烫手的山芋，尽可能马上扔掉。"大街过三道，物价跳三跳。"人们在核算成本、利润时纷纷改用米、金、银、外汇等为单位，支付工资也采用米或其他生活物资、外汇。上海市场大宗交易，如买卖房屋、地产、机器，甚至抵押房子，都以黄金计价，商品交易甚至退化到以物易物的原始交易方式。✿

参考文献：

[1] 杨荫溥. 民国财政史 [M]. 北京：中国财政经济出版社，1985：208.
[2] 张公权. 中国通货膨胀史：一九三七—一九四九年 [M]. 北京：文史资料出版社，1986：57.

1　1 担 =50 千克。
2　固本肥皂为当时著名的国货肥皂。
3　16 两 =1 斤 =0.5 千克。

从《新闻报》看上海近代报业发展

● 黄敏灵

上海,中国近代报业的发源及兴盛之地。近代上海最著名的报纸非《申报》莫属,清末民初的《新闻报》与《申报》齐名。本文简略介绍这份颇具传奇色彩的《新闻报》的前世今生。《新闻报》尺寸约为 110 厘米 ×60 厘米,其特点有:一是内容以经济新闻和社会新闻见长;二是十分依赖广告收入来维持日常运营,因而《新闻报》的广告篇幅十分多。(见图 1)

一、《新闻报》的外商控股时代

1893 年(清光绪十九年)2 月 17 日,上海绅商张叔和、袁春洲等与西方人合资创办《新闻报》,推举英国人丹福士为总董,斐礼思为经理,华人蔡尔康为主笔,后因绅商退股,《新闻报》由英国人丹福士独资经营。1899 年,丹福士破产,时任南洋公学监院的美国商人福开森收购了《新闻报》的产权,委派当时在南洋公学任庶务的晚清秀才、浙江人汪汉溪为总经理,全权处理报务。正是汪汉溪的苦心经营开创了《新闻报》在民国时代的全盛期,因此汪汉溪被称为上海报界的"四大金刚"之一。从汪汉溪开始,《新闻报》走进了为在上海报界站稳脚跟而不断进取的时代。

汪汉溪在经营《新闻报》时十分勤奋,非常重视新闻业务。他发现上海

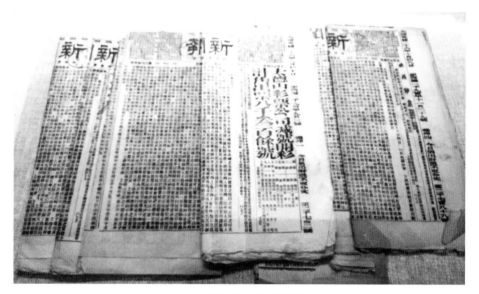

图 1　展出中的《新闻报》

这座城市的独特性，即从事工商业的人很多，"上海人口从事工商业者为最多，我们办报，首先应当适应工商界的需要"[1]。工商业者特别需要市场交易、金融交易、汇兑市场的即时信息，于是汪汉溪的《新闻报》侧重对经济信息的报道。先是以经济信息、商业新闻为重点，开辟《经济新闻》专栏，1922 年 4 月 15 日又在原有专栏基础上，正式辟出《经济新闻》专版，专版有《市况提要》《金融市场》《汇兑市场》《上海商情》《国内经济事情》《国外经济事情》等栏目。当我们回顾历史，不禁感叹"轻政重经"的定位正是《新闻报》虽历经坎坷却始终屹立于上海滩报界而不倒的重要原因。当然，《新闻报》也会刊登人们普遍关注的重大政治新闻，也有时评。它的观点、倾向与《申报》相似，"而其篇幅短小，文字简练，通俗易懂，深受一般市民读者的欢迎"[2]。

　　敏锐洞察市场需要，并以此作为自己的特点来打造，《新闻报》很快就收获了丰硕的成果。在苏浙沪等工商业发达的地区，《新闻报》的订阅量和

销量都超过《申报》《大公报》等传统的大报。报人雷瑨在《申报馆之过去状况》中提到，"阅申报者官绅为多，阅新闻报者以商界为多"。与销量突飞猛进相伴随而来的是广告量和广告费在猛涨，这使报社的运营资金得到保证，也是《新闻报》始终坚持"经济自主"方针的重要基石。

正当此时，《新闻报》却出现一系列重大变故。先是劳苦功高的总经理汪汉溪积劳成疾，于 1924 年不幸离世。汪汉溪的长子汪伯奇子承父业，接力管理《新闻报》；汪伯奇的弟弟汪仲伟在父亲离世后，放弃原来的工作到《新闻报》报馆任副总经理一职。至此，《新闻报》进入汪氏兄弟经营时期。再是 1929 年史量才收购《新闻报》事件。其实这不是《新闻报》第一次出售股权。早在 1906 年《新闻报》改组为股份公司时，老板福开森便拿出《新闻报》35% 的股份，何丹书、朱葆三、顾咏锐、姚慕莲、王小展、苏宝森等买办出资入股，成为新的董事。但 1929 年这次出售行动考虑的不仅仅是经济、商业利益，还因为中国政局发生了重大的改变。1928 年 12 月 29 日，奉系军阀张学良通电全国宣布东北易帜，国民革命军在广州发动的北伐宣告结束，国民政府完成全国范围内形式上的统一。《新闻报》的最大持股人福开森长期寓居北京，与北洋政府的关系相当密切，而与处于南方的国民党几乎没打过交道，这难免让他对以蒋介石为首的南京国民政府产生重重疑虑。福开森开始考虑出让《新闻报》的股权套现，这引起《申报》老板史量才的关注。史量才迅速展开了与福开森的谈判。表面上这是一次报业间的重组兼并事件，但最后却演变为包括政府、商界在内的多方面势力介入和干涉的社会大事件。首先是国民党上海当局和国民党中央宣传部，其次是《新闻报》以汪氏兄弟为首的员工，再次就是上海一些资产阶级工商界人士，例如虞洽卿。这三方势力反对的理由不约而同都是担心报业被垄断，舆论操之于一人之手。对于当时的国民党当局而言，他们并未掌握上海舆论界中有大影响力的媒体，而史量才一人掌握着《申报》和《新闻报》两份有重大影响力的报纸，国民党的疑虑可想而知。

对于以汪氏兄弟为首的员工而言，在这场股权变动中保住自己的饭碗更重要。在各方压力下，史量才为解决问题提出了"《新闻报》还是一张独立的报纸，内部事务仍请汪氏昆仲主持，决不无端干涉"[3]，并且将购入股份的其中一部分让给社会名流认购，组成新的董事会，才和平平息了收购风波。

尽管经历纷争，但这次收购使《新闻报》从一份有浓厚外国资本气息的报纸转身成为一份华商完全控股的报纸。这是一次意义深远的转变。

二、《新闻报》的企业化时代

在清末民初时期，各种政治势力通过办报来宣传自己的主张、思想，与其他政治势力进行论战。当时只要有人撰稿，有简单的排版工具、油印机等就能出版发行报纸了。虽然这些报纸为后世留下了丰富的时代记录，但它们编辑出版的方式比较原始落后，寿命也普遍较短。进入民国后，中国民族资本主义得到发展，工业企业和商业机构在增加。在这种背景下，中国报业的发展开始进入企业化时代，其中作为代表的就是《申报》和《新闻报》。

《新闻报》于1909年在汉口路上建成砖木结构的五层馆舍，1924年又在五层馆舍的旁边兴建钢筋混凝土新馆，新旧两馆连成一体，当时的规模是首屈一指的。印刷机器方面，《新闻报》于1914年购进两层转轮印报机，这种印报机每小时能印刷7000份报纸，1920年和1924年又购进4架印报机，机器改装让自动换纸、数报、折报、套色配套等工作形成一条生产线。对于新闻媒体来讲，在竞争中制胜的关键在于获取消息，谁能率先抢到消息，谁能抢到独家消息，谁就能在这场无硝烟的战争中获胜。《新闻报》为了增强消息获取的能力，于1922年装置了自己的无线电台，专收集国内外新闻。

在报馆馆舍和机器设备现代化的同时，《新闻报》的经营管理也日益精细化、专业化。戈公振在《中国报学史》中将《新闻报》的机构组织以图表的形式列出来（见图2）：

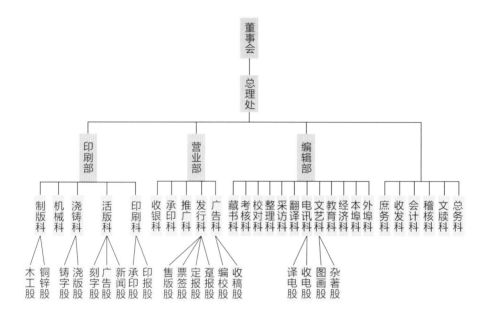

图 2 《新闻报》机构组织

　　《新闻报》对员工的管理也颇有现代人力资源管理的感觉。"进入报社工作的人员，一般要经过考试，量才录用。对职工实行考核制度，由专门机构负责。对成绩优异者，以赠股方式给予奖励，使他们不仅是报社的管理者，也是所有者，个人利益与经营效益直接挂钩。"[4]

　　经过多年的苦心经营，《新闻报》的规模蔚为大观，到 20 世纪 20 年代已经基本完成了企业化的过程。以《申报》《新闻报》为代表的报业企业化对当时有一定规模的其他报纸产生不小的影响，例如国民党控制的《中央日报》就提出"经理部要充分营业化，编辑部要充分学术化，整个事业当然要制度化效率化"[5] 的改革方向。

　　好景不长，近代中国始终被战争的阴霾笼罩。20 世纪 30 年代，日本侵略者发动一系列事变，侵占东北，威胁华北。1937 年 7 月 7 日全面抗战爆发。

1941 年太平洋战争爆发，上海公共租界沦陷，《新闻报》被日军接收，成为宣传战争的工具。这是《新闻报》历史上最黑暗的时期。抗战胜利后，《新闻报》被国民党控制，曾经的《新闻报》一去不复返。

三、从《新闻报》到《新闻日报》

1949 年 4 月 20 日，解放军百万雄师过大江，南京国民政府迅速倒台。同年 5 月 27 日，上海解放，上海报业翻开了全新的一页。《申报》在 1949 年 5 月 27 日停刊，房舍为《解放日报》所用。1949 年 6 月 29 日，《新闻报》正式改为公私合营的《新闻日报》，成为第一份公私合营的报纸，成为党的外围报纸，积极发挥着宣传党中央政策的作用。

改组后的《新闻日报》先由金仲华任代总编辑，后由从香港返回的刘思慕担任总编辑，金仲华改任总主笔，许彦飞任经理。关于《新闻日报》出版发行的目的，总主笔金仲华在 1952 年新闻界思想改造中有详细的论述："申、新两报原有发行量不下三十万份，现在《解放日报》发行量是十二万份，估计还有十万至二十万的读者没有着落。……我们对他们接触少，了解很不够；他们对共产党、解放军、人民政府，还是初见面，了解很不够。许多人会抱着怀疑、恐惧，甚至对立的态度，这部分暂时不会订阅《解放日报》。但是他们也是上海市民的重要组成部分，他们不能没有报看。出版《新闻日报》，就是为了这些读者，为了联系他们，接近他们，了解他们，争取他们。"[6]金仲华所述的"他们"是指上海的民族资本家和工商业者。

1950 年 6 月 9 日，夏衍在上海《新民报》强调报纸必须走分工的道路，才能取得发展和成绩。《新闻日报》的服务对象是中小工商业者。这种来自行政命令式而非市场的强制分工让老报人们很难适应，当时还在主持《新闻日报》的金仲华就认为"特色是从读者需要出发，争取更多的读者，使办报的路子越走越宽；而所谓规定'方针任务'，是要把报纸读者限制在规定的

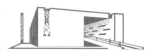
范围，报纸的宣传也限制在某些专业范围之内，这样的办报路子，只会越走越窄，使读者越来越少"[7]。就这样走着走着，《新闻日报》也走到了生命的尽头，1960 年 5 月 31 日的《新闻日报》头版刊登了《新闻日报》与《解放日报》合并的消息，历时 11 年的《新闻日报》结束了。

可能是历史的巧合或者是上海市民对于"新闻"二字有深厚的感情，1999 年《解放日报》集团发行《新闻晨报》，现今它是上海发行量最大的日报之一。无论是历史还是现实，那份叫"新闻"的报纸从未真正离开上海这座城市。❀

参考文献:

[1] 陶菊隐. 记者生活三十年: 亲历民国重大事件 [M]. 北京: 中华书局, 2005: 67.
[2] 马光仁. 上海新闻史: 1850-1949[M]. 上海: 复旦大学出版社, 2014: 554.
[3] 同 [2]693.
[4] 同 [2]556.
[5] 秦绍德. 上海近代报刊史论 [M]. 上海: 复旦大学出版社, 2014: 121.
[6] 邹凡扬. 忆金公:《新闻日报》旧事 [M]// 解放日报报史办公室. 解放日报新闻日报报史资料. 上海: 解放日报出版社, 1993: 315.
[7] 同 [6]325.

试论辛亥革命后粤省商团军的性质演变历程

——从"1912年粤省商团军成军纪念章"说起

马学伟

粤省商团军，源于近代的广州商团。辛亥革命时因社会动荡，各路商团联合自保，逐渐演化为具有自卫性质的武装力量。粤省商团军萌芽于清末地方自治运动期间，发轫于黄花岗起义之际，正式成立于1912年的辛亥革命之时，直到1924年才退出历史舞台。从成立到解散的12年间，随着实力的不断扩充，它逐渐由民族资产阶级自行组织的自卫武装团体，演变为能与革命政府分庭抗礼的武装力量。粤省商团军由于颇具实力，敢于以武力公开同政府和军队对抗，成为中国近代史上一奇特现象。而其性质，由于不同的历史视角与不同的分析方法，在当代史籍中众说纷纭。辛亥革命纪念馆征集到的1912年粤省商团军成军纪念章一枚，属馆藏三级文物，银质，重15克，保存完好。徽章中部铸有"成军纪念"字样，字外绕竹节纹长框。框右为五色旗，框左侧为中心铸地球纹、四角铸"粤省商团"字样的旗纹。框上是"中华民国元年"字样，框下镌阴文徽章序号"3476"。（见图1）徽章上方有挂扣，并配正反面都织有"商"字的绶带。徽章反面铸地球大陆版图。本文试以1912年粤省商团军成军纪念章为引子，论述辛亥革命后粤省商团军的性质演变历程，以期拨云见日，为学界提供参考。

一、粤省商团军的成立及其发展

（一）粤省商团军的成立渊源

在近代中国，广东作为资本主义工商业较繁荣的省份，一直是改革运动、革命运动的策源地与中心地带。以广州为中心的珠江三角洲是工商业最为发达的地区，商人们开设新式工厂，投资铁路与新式交通运输业，建立"七十二行商会"，逐步形成较有影响力的社会集团。在 20 世纪一二十年代，广东商人团体在早期现代化上先行一步，阶级意识开始觉醒。他们显示着资产阶级化的共同趋向，在反帝救亡、发展实业、参与政治等方面表现出较大的积极性。[1]

然而，"粤东盗匪，甲于天下"，富庶的珠江三角洲地区，也是盗匪活动最为猖獗的地区，就连省城广州的治安状况也很差。因此，从清末开始，广东社会各界逐渐形成一种共识，即"官之卫民，不如民之自卫"。无论在城市还是乡村，民间都组织了各式自卫武装。[2]

作为广东商界利益的维护者，粤省商团军最早可以追溯到 1907 年成立的粤商自治会，主要由广东的商人即工商业和金融业资本家组成。商人们曾向谘议局提

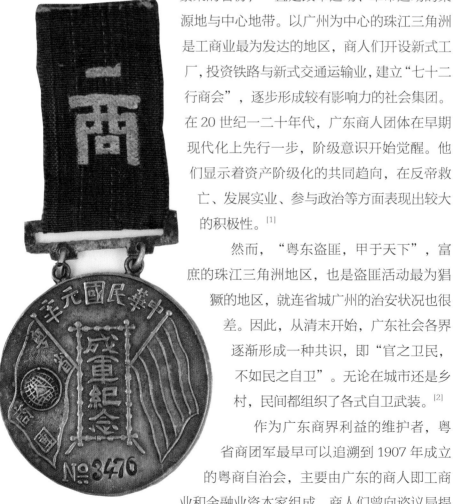

图 1　1912 年粤省商团军成军纪念章

出奖励商团民团的议案，要求在广州及珠江三角洲商务繁盛的城镇"由商民禀请一律成立商团公所"[3]。但清朝官吏担心无力控制这些民间武装，没有批准。

1911年，在武昌起义浪潮冲击下，各省纷纷宣告独立，广东也建立起民主共和体制的军政府。然而共和制度的建立并没有带来社会安定，此时的粤省政局动荡不安，"军匪莫分，豪强四起，商不安肆，民不宁居"。为武装自保，1911年底，广州商人在岑伯著等人的组织下，将当时的粤商自治会改组成粤商维持公安会，而新成立的广东军政府因无力缉盗，对此事持默许态度。[4]次年2月，仿照1911年上半年成立的上海商团管理办法，广州商团（又名粤省商团）正式成立，原粤商维持公安会评议课职员岑伯著、交通课职员陈鉴持分任正、副团长。又在此基础上，逐步组建成粤省商团军。

（二）粤省商团军的发展壮大

1. 组织方式

商团成员以商人及其子弟为主体，由广州七十二行商分任联合创办，每行挑选团长1名，以品行纯正、声望素孚为标准。在此基础上"联为一大团，名曰广州省城总商团"。商团军，则由各行在"伙伴"中自行挑选，以体魄强健，肯服从军纪，无嚣张气息者为合格。在商团成军时，颁发了银质的成军纪念章，带"商"字绶带，上书"中华民国元年""成军纪念"几个大字。这便是1912年粤省商团军成军纪念章的由来。以此观之，粤省商团军正式成立时，是受到官方承认的。而且，民间也颇为支持。粤省商团军成军纪念章的颁发，是商团军成军史上的大事，更是确定粤省商团军性质的重要参考。

另外，《粤省商团草章》还规定，"商团之设，原为防御内匪，保全生命财产，维持公安起见，其他事项概不干预"[5]。在1911年冬筹建粤商维持公安会时，岑伯著、陈廉伯等人认为，商人为保卫自身权益应有自卫实力，办商团是为了一旦政治变动，商人也可自卫，但不要卷入政治争斗漩涡。可见，在商团创办之初，商界头面人物已经考虑把它作为维护商人政治、经济利益的力量。

 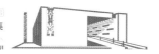
1912 年 1 月，广州商团已经成军并会操，丝业商人岑伯著任团长[6]。陈廉伯担任团长兼广州粤商公安维持会（商团公所）理财课主任，他支垫商团经费，借款购置枪械。《粤省商团草章》规定，军械军服一律按规定格式统一置办，十至二十人之间者领取二支，二十至三十人之间者领取三支，以此类推。商团成立后，连会操十天，以正队伍，之后每月初一、十五会操两次。每次会操时间为上午八时至十一时，且"不设饭食，如需干粮，各自携带，以省费用"[7]。可知，从组织方式上来看，粤省商团以行帮为基层单位，由七十二行所各自控制。

2. 成员发展

陈廉伯 1917 年任粤商公安维持会代理评议长，又于 1919 年 8 月就任广东省商团军总团长，粤省商团军开始进入一个大发展的时期。至 1924 年，广州商团总人数已扩大到 1.3 万人。商团的军事装备多由国外购入，十分精良。商团军战斗力较强。因此，历届广东革命政府都争取把商团纳入政府主导范围，以期商团能支持政府筹饷。而商团在广州政权的多次更迭中一直保持中立，更因保护了商人利益及维持治安稳定受到部分广州民众的支持。

粤省商团初期的规模远不如上海商团，但进入民国后，广东动荡的局势给了它发展壮大的机遇；每逢广东发生严重动乱，商团就得到进一步发展，终于成为全国规模最大、装备最精良的商团之一，拥有大量武器，而商团的首领陈廉伯成为广州极具影响力的商界领袖。

（三）粤省商团和广东革命政权的合与分

在粤省商团及其武装力量从成立到解散的 12 年间，粤省商团与广东革命政权的关系经历了一个曲折的演变过程，从最初的支持转向疏离，再到背离并最终发展到武装对抗，乃至被取缔。[8]

1911 年 11 月 10 日，广东取得独立，成立了军政府，胡汉民被推举为都督。对此，广东商界表现热烈，各团体纷纷表示承认新政府。粤商维持公安会会长黎亮夫、粤省商团团长岑伯著为欢迎孙中山也各自致颂词。商团不仅从口头上欢迎孙中山，亦从行动上主要是财政上予以支持。在广东商团的支持下，广东军政府初步渡过了财政危机。

对于广东商界的支持，政府也予以反哺。在经济方面，整顿财政制度；在军事方面，加强社会治安，改善广东建设及经商环境。总之，粤省商团与历次广东革命政权因利益上各有所需，在商团存在的十几年间，二者曾相互支持、亲密合作，但这种亲密关系是时断时续的。

当政府实行重税政策，粤省商团不堪重负时，商团与革命政权则不可避免地有了利益上的冲突，二者断断续续的亲密关系走向疏离。具体表现为军民关系紧张、政府财政信用降低以及商人消极抵抗甚至罢市、抗税。当广东革命政权为支付浩繁的军需而采取一系列激进的筹饷政策时，粤省商团与政府的关系便逐渐疏离，二者间的矛盾激化不可避免。1924年，粤省商团与广东革命政权关系恶化，最终以商团及其武装被取缔而悲剧性地收场。

二、粤省商团军在不同时期的性质

粤省商团军自正式组建到因对抗政府被广东革命政府取缔，经历了由草创到发展再到灭亡的过程。其中又以1912年、1919年为界，划分为联合自保、拥护革命、拥商自卫三个时期。考察与分析它不同时期的性质与演变情况，将有助于我们从更深层次了解粤省商团军的历史地位。

（一）反帝反封建背景下的联合自保组织

20世纪初，随着民族工业和手工业的发展，商品经济日益兴盛，广东的商业逐渐被卷入资本主义市场，经营方式与范围都发生了巨大变化。"粤省为富饶之地，商业最盛之区，其资本家又多于他省，义声遍中国"[9]，广东地区繁盛的商贸，促成了商团及其武装力量的发展壮大，商团的经济状况与社会地位决定了商团与封建主义的代表——清政府有着不可调和的矛盾。

商业的繁荣需要稳定的国内政局，政府又无力改变盗匪横行的现状，特别是在辛亥革命前期，在帝国主义的经济侵略之下，清政府不仅未能起到维护政局的作用，反而对商户剥削压制，导致很多商号亏损倒闭。社会动荡不安，无法依靠政府，商人阶级显示出了反抗封建剥削的意愿，抗捐、罢市，乃至组建粤省商团军。

同时，由于帝国主义的经济侵略，广东民族工商业处于非常困难的境地。商团受到国外资本主义的侵蚀与压榨，有着反对外国资本主义的愿望。随着社会地位大大提高，商人挽救国家危亡的意识开始觉醒，早期的行会与新建立的商团都是商人保护国内市场、维护政治经济利益的组织，他们参与或组织了一系列反帝运动，如1905年的反美运动、1908年抵制日货运动。故而，商团军从逐步兴起到1912年，它的性质为反帝反封建背景下的联合自保组织。

（二）支持广东临时政府的革命组织

辛亥革命时期，广东是革命党人十分活跃的省份，兴中会、同盟会先后在广州境内举行了多次武装起义，革命浪潮一浪高于一浪。但粤省自治会时期以及粤省商团筹建之时，大部分商人都抱着"虽不反对革命，但也绝口不谈革命"的心理，对革命保持着中立态度，1911年黄花岗起义是商人态度发生转变的转折点。

在黄花岗起义过程中，革命党人纪律严明，在战斗中不仅没有滋扰商户，还特意加强了对商旅平民的保护。与之相对应的是清政府官兵在起义失败后，借搜查革命党人之名，乘机对百姓大肆掠劫，对商铺层层盘剥，甚至还实施了杀人劫财、向村庄开炮等暴行，导致社会秩序更加混乱。官兵与革命党人截然不同的行为，让越来越多阶层的人民对革命有了切身的理解，感受到了革命党人救国图存的爱国之心。

1911年5月9日，黄花岗起义后不久，清政府宣布"铁路干线收归国有"，借"国有"之义把铁路利权出卖给帝国主义，并签订借款合同，鼓吹借债筑路"为我国第一救亡政策"。此举受到社会各界广泛谴责。湖北、湖南、四川、广东等地局势更为激荡不安。此举触犯了广东铁路的主要投资者的切身利益，也促使广州商人对革命有了全新的认识——清政府卖国，革命党人救国。在同年6月10日的广东粤汉铁路公司股东大会上，商人们发出"路亡国亡，政府虽欲卖国，我粤人断不能卖国"[10] 的口号，加入各地的保路运动浪潮之中。

1911年广东临时政府初立时，维护社会秩序的力量有限，因此粤省商团军正式成立之后起到了协助政府"维持公安"的作用。粤省商团军一方面在店铺及工厂门前站岗，保护自家商户免受流氓滋扰；另一方面在指定的街面路段巡逻，甚至与劫匪直接交火。在后来龙济光的济军以及莫荣新的桂军先后称霸广东，严重危害广州人民生命财产安全的几年中，商团军依然经常持枪巡行，维护广州街头的市面秩序，对济军及桂军的骚扰起到了一定的抵制作用，客观上保护了民族工商业利益，维护了整个社会秩序的安定。

（三）反对以革命之名镇压商业的自卫组织

1919年3月粤省商团的第八届换届选举，成为粤省商团进入快速发展轨道的标志。改组后，陈廉伯任正团长，简琴石、马璧臣任副团长，罗雪甫、赵秀石分任正、副评议长，这些人均为绅、商、善乃至政界突出人物或活跃分子。又设立商团评议会，仿照西方议会制度设置了议事机关"议堂"。陈廉伯在《团长宣言书》中将组建商团模范队列为头等大事，自此，商团军在操练与实弹射击方面有所加强，且所用武器均属精良，成员急剧扩张，至1924年初人数已超6000，且要求加入的商户越来越多[11]。商团依靠广州商人行业与街区的网络，建立了坚实的组织基础，粤省商团军也被商人们看作是保护自己利益的武装组织。

在加强自身武力量的同时，商团还承担了很多社会公益和救济责任，建立救火队，组织广东粮食救济会，多次参与和组织赈灾活动。商人们的社会活动为商团赢得了社会声誉，给予了广东革命政府极大支持，但其主要是

希望政府提供一个稳定的经商环境。然而广东革命政府的诸多财政政策却对商人直接造成了利益上的影响，如发行市面信用很低的"军用手票""地方短期抵纳券"，征收印花税等。由于财政困难与政府管理效能低下，广东革命政府没有完成本应由自己承担的职责，无法约束手下的军队横行肆掠，兵匪之患对商业市场造成了极大的冲击。

官商矛盾加剧，商人们对于稳定市场的渴求逐渐转变为对政府无能的失望。虽然孙中山政权宣布"废除一切苛捐杂税令"，但浩繁的军需开支使得政府不得不一次次地筹饷，对商民加租加抽，还借着战事之名增加了一些新的筹钱手段，甚至还出现了"廉价拍卖大小官职"的情况。这些措施都与商人所希望的宽松和平的市场环境背道而驰。在1923—1924年，商人多次因为苛捐杂税而罢市。

1924年5月，广州市财政局决定征收铺底捐，几乎所有的商铺都需要缴纳营业税。虽经过调停最终取消了捐税，但此事之后，商团为求自保，决定购买军械扩充实力。陈廉伯向香港南利洋行订购了一批军械，当械弹运抵省城后却被革命政府缴获，并由此引发了"扣械潮"。广州商团事件由此开始。商团和政府之间持续数月的角力最终演变成为一场流血冲突事件，后广东革命政府武力镇压，商团被迫解散，粤省商团军也随之被取缔。

事后，广东革命政府将这次事件描述为一次反革命叛乱，所以又称其为"广州商团叛乱"。在镇压商团过程中，不法军人、地痞和土匪、暴民等趁机在广州西关一带大肆烧杀抢掠，造成重大人员伤亡和财产损失。而因这一事件造成的惨痛后果，就将商团军定性为"叛乱"显然是不合理的。举行罢市，甚至与政府武装对抗，只是因为商人希望获得良好的经商环境，他们并不是想推翻广东革命政府。从辩证理性的角度来看，此次事件只是商团为了维护自身利益，反对政府不合理政策而兴起的一场自保事件。

三、结论

粤省商团的基本职能在于维持治安，兼及社会救济，然而商团同时是粤商的政治堡垒、自治机关和商战之"集合地"。[12] 从粤省商团军组建到解散，不论与政府关系如何，商人一直希望的是有稳定的政治局面以保证正常的商业市场活动，因此商团军在各个时期都始终带着"自保"的属性。从同情革命，支持临时政府再到武装冲突，粤省商人一直保持着根深蒂固的"商业至上"意识。这是符合历史发展潮流的，不能也不应该以"共和民主"为论调来要求他们一味地从财政上支持革命。

参考文献：

[1] 中华书局编辑部 . 纪念辛亥革命七十周年学术讨论会文集 [C]. 北京：中华书局，1983.
[2] 邱捷 . 近代广东商人与广东的早期现代化 [J]. 广东社会科学，2002(2)：75-82.
[3] 邱捷 . 近代广东商人团体与广东政府 [J]. 近代史学刊，2001(1)：185-195，243.
[4] 周兴樑 . 试论广州商团的性质及其演变 [J]. 广州研究，1986（10）：66-70.
[5] 粤省商团议草 [N]. 民立报，1911-05-06.
[6] 商团推广 [N]. 香港华字日报，1913-08-09.
[7] 同 [5].
[8] 黄展 . 广东商团与广东革命政府的关系演变 [J]. 党史文苑，2005 (10)：17-18.
[9] 同 [1].
[10] 高中华，孙新，张健 . 辛亥革命全纪录 [M]. 青岛：青岛出版社，2012：307.
[11] 敖光旭 . "商人政府"之梦：广东商团及"大商团主义"的历史考查 [J]. 近代史研究，2003(4)：177-248.
[12] 中国史学会 . 辛亥革命与 20 世纪的中国：纪念辛亥革命九十周年国际学术讨论会文集 [C]. 北京：中央文献出版社，2002.

1912 年粤省商团军成军纪念章解读

——从陈廉伯人物特性看商团事件的成因

● 范利民

　　辛亥革命纪念馆收藏的 1912 年粤省商团军成军纪念章，银质，重 15 克，保存完好，被定为馆藏三级文物。该徽章正面中部铸"成军纪念"字样，字外绕竹节纹长框。框右为五色旗，框左为带"粤省商团"四字的旗纹，框上见"中华民国元年"字样，框下镌徽章序号"3476"。（见图 1）背面铸背景为地球大陆版图纹样，"粤商团军"四字浮于上方。（见图 2）带挂件，附有"商"字绶带。从该纪念章铸有"民国元年"字样看，是为纪念 1912 年广州商团成军而铸的纪念徽章。

　　粤省商团是广州商人为了自保联合建立的团体，又称广州商团。清末民初，政局动荡，社会治安堪忧，广东由于远离中央政权，"盗匪出没城乡，白昼抢劫，司空见惯"[1]。作为广东省城的广州，商业繁荣。商人们为了自保成立粤商维持公安会，1912 年组织了粤省商团，成立了商团军。广州商团首任团长为岑伯著，当时人数达 1000 多人。商团建立初起的目的是自保，对其他事项概不干预，前期在协助军政府维持地方稳定以及社会救济方面做出很大努力并卓有成效。"年来不肖军人在广州市内横行，或欺诈取财，或掳人勒赎等案发生，商团军均能自行捕犯缉凶，助政府维护市内治安之力不少，成绩颇为可观。"[2]孙中山曾给予商团充分的肯定并寄予厚望，"以后商团

图1 1912年粤省商团军成军
纪念章正面

图2 1912年粤省商团军
成军纪念章反面

同警察要同力合作，维持广州的治安。警察是政府的机关，商团是人民
的机关"[3]。1919年3月，粤商维持公安会暨粤省商团完成第八届换届选举后，
陈廉伯担任团长，自此广州商团的性质慢慢发生了改变。广州商团得到快速
发展，"规模日臻完备，数年之间，各属商团告成立者，凡百余埠，商人入
团者达数万人"[4]，且装备精良。1924年，陈廉伯为扩充商团的武力，向德
商南利洋行购买300多万元军械，包括长短枪9841支、各式枪弹337.42万发，
但这些军械被孙中山下令扣存于黄埔军校。商团表达强烈不满，采取了抗议、
请愿、罢市等行动，最终被武力镇压，广州商团被解散。此为广州商团事件。

广州商团事件的爆发，不仅受当时广东复杂的政治环境以及经济格局影

响，还有陈廉伯所起到的重要作用。广州商团事件从产生、发展、高潮到终结，每个阶段都与陈廉伯息息相关。目前，学界对商团事件的考究侧重于政商关系破裂角度。汪精卫总结商团事件发生原因时讲道，"少数商人受英帝国主义之引诱，吴佩孚之嗾使，陈炯明之煽惑，利用商团以与政府为敌"[5]，笔者认为此说法值得商榷。已有的学术成果表明，英政府并未支持和操纵广州商团叛乱，反而曾试图拦截军火运输；英驻广州总领事就商团事件提出的最后通牒并不代表英政府的态度[6]。但孙中山认为"此系陈廉伯个人谋乱，与商团无关，不得稍有株累，借示宽大"[7]。笔者赞同孙中山的观点。陈廉伯主管商团，商团事件的发生，与其个人家庭生长环境、投机心态，以及热衷权力的性格有很大关系。

一、成长环境

陈廉伯，1884 年出生于广东南海县（今佛山市南海区）西樵简村，商人世家子弟。祖上经营昌栈丝庄，经营手法就是自恃雄厚的资金，大量囤积从小丝庄收购来的蚕茧或生丝，再以垄断价格卖给织户获得成品。陈家通过多年经营，家业壮大。陈廉伯十二三岁时就被祖父送往香港皇仁书院读书三年，祖父有意培养他成一个能与洋人洽谈生意的新式商人。后陈廉伯入英国国籍。他 16 岁进入英商汇丰银行广州沙面分行工作，后升任买办。当时，英国对香港实行殖民统治。陈廉伯或多或少缺乏民族感情，加之他出身商人世家，熟悉投机倒把经营手法，更看重利益。

二、惯于投机

陈廉伯聪明能干，谙习英文，精通生意。在祖父的宴会上，陈廉伯对以后能帮助他的人卑躬屈膝。毕业后陈廉伯任昌栈丝庄司理，致力于丝业的经营。不久，又当上英汇丰银行广州分行买办。后利用汇丰银行买办身份，依托外商银行，联合同行，对丝庄实行垄断，控制市场。1910年昌栈丝庄资金额就已达30万元。1905年陈廉伯加入广东商会和广州商务总会，活跃于商界。1909年，因广州银号发生金融危机，陈廉伯大做炒卖银砖的投机生意，还依靠汇丰银行买办的优势，私铸银币，操纵金银市场。商团事件后，陈廉伯逃往香港，依然坚持老本行，开设银号，承办广东造币厂的业务，从事金融投机生意，赚取投机差价。陈廉伯代理美国南星颜料厂，市场炒卖则直接指挥他弟陈蒲生操作。陈廉伯在商业上投机倒把，广泛涉足丝业、茶叶、金融、烟草等行业，获利颇丰，成为名副其实的南海巨富。甚至于商团事件所购买的枪支，部分是陈廉伯个人购买的，欲转手变卖获利。政治上他也沿用投机心理处理各种事情。"陈廉伯后来发生商团叛乱，反对孙中山革命政府，却也是政治上的投机心理造成的。"[8]七七事变爆发后，陈廉伯见风使舵，劝港督把香港"和平"转让日本。日军占领香港后，陈廉伯继续当汉奸为日军效劳。1942年还成为"华民代表会"四成员之一。1944年见日本大势已去又仓皇出逃。

三、热衷权力

陈廉伯渴望当商团团长已久，并为之付出很大努力。当选团长后，由于他热衷政治权力，故建立商人武力不遗余力，且刻意打造商人政府。"宣统年间，清吏张鸣岐要压制革命党在各县策动反清，派江孔殷为清乡督办，名曰清除盗匪，实则屠杀革命党志士。陈廉伯壮年即醉心于商人武力，当时曾透过张振勋、左宗藩，向张鸣岐陈议，组织广东全省商团，并先组成广州市商团，用以协助清兵，维持地方安宁。"[9]从早期开始，陈廉伯就流出对权力的欲望。为了实现目的，他广泛交际，结识各界志士，为政治出道铺道。他到处摆出一副很阔绰并乐于助人的姿态，借助买办身份给别人贷款，提供商业行情给同行，为商团买地等，实际上都是沽名钓誉。且陈廉伯拉拢当权人士，与张弼士、陈炯明、龙济光等打好关系，为自己积累声誉，塑造正面人物形象。

民国三年（1914）陈廉伯还被聘为督军署顾问。1919年8月，黄鹭塘因身兼数职过于劳累辞职，陈廉伯接任商团团长，非常得意，张灯结彩，大摆宴席，并请粤戏班助兴。陈廉伯在团长宣言书中称，商团"得人扶掖，虽高远之境，不难渐达"，流露出颇深的政治城府。陈廉伯每年回乡扫墓，不时带省内要人同往，笼络政要人物，扩大自己影响力。

陈廉伯自担任团长后，逐渐轻视生意经营，把大部分时间和精力都放在充实团务、加强武装上。陈廉伯胞叔陈竹君曾劝诫陈廉伯专心从商，陈廉伯不以为然，认为胞叔目光短浅。因此，此后的陈廉伯在经营生意方面也没有特别突出的成就。"随着陈廉伯对商团控制程度的增强，以及来自香港的英国势力的支持，陈廉伯的权力欲剧烈膨胀，经常在广州舆论中散布欧美各国商人的自主权很大，可以参政，左右政府决策的言论，大力主张仿效欧美国家，在广东建立商人政府。"[10]

陈廉伯时期建设的粤省商团，俨然一个商人政府的雏形。机构领导上，完成了商团第八届换届改组，设立商团评议会。领导成员中，已经不单纯是商人，还吸纳了社会上各个成分人员，包括副团长简琴石、马璧臣，正、副评议长罗学甫、赵秀石等，都是有政治主见的人。商团评议会则移植了西方代议制度的理念和运作方式，为商团顶层政治制度设计，加强了商团的内部管理和权力集中。军事上，陈廉伯组建商团模范队，提高军事素质。《商团模范队章程》罗列的课程中就包括了地形学摘要、战术学、军制学、实习射击、军刀术等，已超出了自卫的范畴。陈廉伯还注重宣传，营造舆论氛围，他创办《粤省商团月报》，其中就有鼓吹以商立国的言论。如月报第2期刊载简琴石的《商人政治论》指出，由商人来主宰国家政权已经是不可逆转之时代趋势。月报的创办加强了商团的正面宣传，制造了有利于商团的舆论氛围，"为它成为民间社会之强势因素铺平了道路"[11]。商团甚至还兴办商业学校，筹办体育会，拥有自己的军乐队。

孙中山曾苦心尝试把商团军收编，却没有得到积极回应。廖仲恺曾前往陈廉伯寓所劝其入党，陈廉伯却坚持 "吾辈商人，不欲自染政党色彩"的中立态度。陈廉伯不愿依附任何政党，皆因为他认为目前跌宕政局下还没有一个永固的政权可依赖，他表现出来的中立态度，不过是想脱离革命政府另起炉灶罢了。

对于广州商团事件的定性，目前学界尚有分歧，认为这是一起反革命的叛变的观点占主流。虽说商团事件的爆发跟当时政治经济环境有很大关系，原因复杂，但仅从陈廉伯个人的性格特征来看，其主导的广州商团也难免会与革命政府走向对立。商团最终被解散，陈廉伯难辞其咎。❀

参考文献：

[1] 全国政协文史研究委员会 . 文史资料选辑：第 15 辑 [M]. 北京：中国文史出版社，2000：84.

[2] 毅庐 . 全粤商团大会之经过 [N]. 申报，1924-06-07（6）.

[3] 中国社科院近代史所 . 孙中山全集：第 9 卷 [M]. 北京：中华书局，2011：61.

[4] 香港华字日报 . 广东扣械潮：卷一事实 [M]. 香港：香港华字日报，1924:1.

[5] 邱捷 . 广州商团与商团事变：从商人团体角度的再探讨 [J]. 历史研究，2002（2）：54.

[6] 张俊义 . 英国政府与 1924 年广州商团叛乱 [J]. 广东社会科学，2000（3）：100.

[7] 王宗华 . 中国大革命史：1924—1927[M]. 北京：人民出版社，1990：203.

[8] 成功企业家管理书库编委会 . 成功企业家经典：中外成功企业家典范 [M]. 北京：企业管理出版社，1997：208.

[9] 政协广东省委员会办公厅，广东省政协文化和文史资料委员会 . 广东文史资料精编：下编第 1 卷 [M]. 北京：中国文史出版社，2008：628.

[10] 同 [7]213.

[11] 敖光旭 . "商人政府"之梦：广东商团及 "大商团主义"的历史考查 [J]. 近代史研究，2003（2）:191.

"不娶缠足女子"证章辨析

● 欧阳旦霓

　　辛亥革命纪念馆收藏的"不娶缠足女子"证章（见图1），黄铜质，通宽4.3厘米，通高8厘米，厚0.1厘米，造型为钟形。左下角有缺损，顶部有小孔及挂链，上方边缘镌刻"黄安县署颁给"字样，中间阴刻"不娶缠足女子"字样，被鉴定为清末时期物品，属馆藏三级文物。

　　黄安县，现名红安县，1563年(明嘉靖四十二年)建县，位于湖北省东北部，大别山南侧。这枚证章是反映不缠足运动的一件重要物证。

　　中国妇女缠足历史悠久，始于何时，众说纷纭。学界有六朝、隋唐、五代说等多种观点。缠足之风兴起乃至盛行，与男权社会以小脚为美的畸形审美观和男尊女卑的礼教观念有着直接的关系。以小脚为美的观念渗透在男子的择偶标准中，男子以脚小为贵，甚至非小脚女子不娶。能否娶一个脚小的女子是婚姻中至关重要的事情，婚礼中，新娘裙下的双脚是众人注视的焦点，正如诗中所描述的情景："锦帕蒙头拜地天，难得新妇判媸艳，忽看小脚裙边露，夫婿全家喜欲颠。"[1] 反之，如果未娶到金莲小脚女子，于男子而言，是奇耻大辱。民间流传的一些歌谣也反映了当时人们的这种观念，如"一个大脚嫂，抬来抬去没人要""裹小脚，嫁秀才，吃馍馍，就肉菜；裹大脚，嫁瞎子，吃糠馍，就辣子"[2]。在这种社会风气之下，脚的大小关乎女子一生的幸福，所以，在清末兴起的反缠足运动中，改变男子的择偶观念无疑是一个重要的切入点。

　　1897 年，梁启超等人在上海发起不缠足会，在《试办不缠足会简明章程》里，明确写明创办宗旨："此会之设，原为缠足之风本非人情所乐，徒以习俗既久，苟不如此，则难以择婚。故特设此会，使会中同志，可以互通婚姻，无所顾忌，庶几流风渐广，革此浇风。"[3] 分布在全国十余个省份的不缠足会，对于入会人员都有所生女子不得缠足，所生男子不得娶缠足之女的要求。但是，由维新人士发起的不缠足运动，在官本位为主导的社会状态下，如果没有政府的参与，影响力是很有限的。1902 年初，清政府颁布不缠足上谕，政府参与不缠足运动，大大增加了该运动的影响力，各地官员也先后颁布劝戒缠足的示谕。曾任湖广总督的张之洞、端方、赵尔巽、袁世凯对于劝戒缠足一直

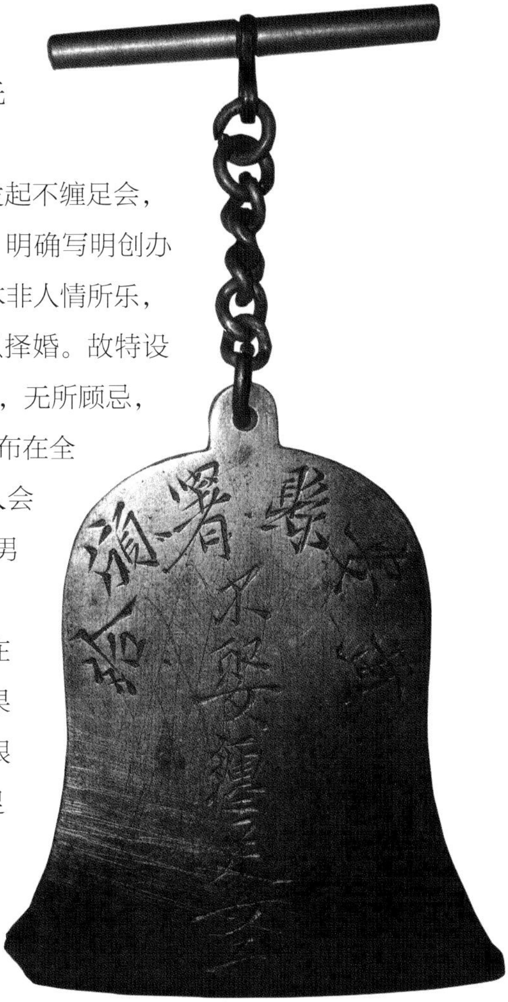

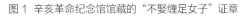

图 1　辛亥革命纪念馆馆藏的"不娶缠足女子"证章

持支持态度。1897 年，为支持梁启超的不缠足会，张之洞撰写《戒缠足会章程叙》，历数缠足之危害。1902 年，端方任湖北巡抚，写有《劝汉人妇女勿再缠足说》，谴责缠足恶习。袁世凯通过《劝戒缠足文小册》表明了他对缠足的态度。这些地方行政官员反对缠足的鲜明态度对不缠足运动有很大

的推动。

　　湖北的不缠足运动更多的是从官方到民间的推动，政府通过颁发劝诫示谕，督办不缠足团体，制定实施奖惩措施等多种办法推动清政府劝戒缠足上谕的执行。湖北汉阳知府宋敦甫不仅在省内创设多个不缠足会，在省内达到一定规模后，还将不缠足会不断扩张到省外，在省内外共创办 20 多个不缠足会，闻名一时。他在省内开办的不缠足会，见到记载的有：武昌、汉阳、大冶、黄冈、蕲水、安陆、应山、天门。[4] 虽然我们暂时没有发现这一时期黄安县署在劝戒缠足举措方面的史料，但在当时盛行的政府官员大力推动劝戒缠足的风气下，距湖北省城 70 千米，与黄冈、安陆、应山等相邻近的黄安县不可能不受到影响，"不娶缠足女子" 证章应该是这个时期黄安县署曾经开展劝戒缠足活动的一个实证，而且这枚证章与现存的多枚天足会颁给女子的证章不同，它应是颁给男子的。如前所述，男子的择偶观对于不缠足运动的成败起着至关重要的作用，这枚证章正是鼓励男子不娶缠足女子的，它从一个更有效的角度推动了不缠足运动。由上论述推断，该证章是一件见证清末地方政府开展不缠足运动的十分有价值的文物。

　　值得注意的是，湖北省红安县博物馆也有一件相似的文物，此牌高 5.1 厘米，底宽 4.7 厘米，厚约 0.14 厘米，呈古铭钟形，上有一圆孔，单面刻字，铜牌上方阴刻繁体楷书"黄安县署颁给"6 字，字从右至左排列，呈弧形，牌正中部从上至下镌刻有"不娶缠足女子"6 字。（见图 2）1994 年 11 月，该文物经国家文物鉴定委员会专家鉴定为国家一级革命文物。[5] 据《红安县志》记载，这件文物叫妇女放足牌，"此物系 1926—1927 年中共在黄安领导妇女开展放足运动的纪念品"。[6]

　　这件文物的尺寸与辛亥革命纪念馆馆藏的证章略有出入。辛亥革命纪念馆的证章比红安县博物馆的证章多了一个挂链；如果只从上面的挂孔开始测量，证章高度是 5.1 厘米，与红安县博物馆的证章相同；左下角有缺损，比红安县博物馆的证章少 0.4 厘米；厚度有 0.04 厘米误差。所以这两块证章从大小、材质、形状和内容看，很显然是同一时期的物品，但为什么两地专家对于证章所属时期的判断却有明显的不同？

红安县的这件文物是 1958 年从一位叫明佑华的老人手中征集到的。为了弄清该文物的来历，2012 年，红安文博人员专程到明佑华老人家了解，但老人已在 20 世纪 70 年代去世。据老人 73 岁的儿媳介绍说，明佑华老人年轻时受到一位共产党员的影响，积极投身到放足、剪发等运动中，成为当地妇女运动的骨干。为此，黄安县政府给她颁发了一枚放足牌以资褒奖和鼓励。明佑华后来加入共产党，受到国民党的抓捕和迫害，房子几遭焚毁；而这块放足牌因被明佑华深藏在墙缝里而得以保存了下来。[7]

对此，笔者有 6 点疑义：

1. 据《红安县志》记载，（黄安）1912 年，废知县，设知事，改县署为知事公署；1926 年 10 月，县知事公署改为县政府。[8] 由此可知，民国建立之前才叫县署，如果这块奖牌是 1926—1927 年所颁，颁发机构就不应该是"黄安县署"，而应该是"黄安知事公署"或"黄安县政府"。

2. 从奖牌上"不娶缠足女子"内容看，颁给对象如果是女子，逻辑上难以说通。如上所述，清末不缠足运动的重要切入点是改变男子的择偶观念，颁给男子这块奖牌更合理。所以，由县政府直接颁给持有人的流传经过需要更多史料佐证，仅凭后人口述不足为信。

3. 民国建立后，政府更加深入地开展妇女放足运动，大力宣传男子以娶大脚女

图 2　红安县博物馆馆藏的妇女放足牌

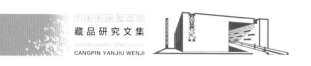
人为荣，娶小脚女子为耻的思想，甚至把劝禁缠足的效果作为地方政府的政绩之一。地方政府对天足运动的有力推动一直持续到1937年，所以，即便在国共对峙时期，劝禁缠足也依然是国民党政府的一贯政策，这块奖牌深藏墙缝才得以保存的说法令人质疑。

4.据《红安县志》记载，"1927年3月，黄安天足委员会成立，规定除30岁以上少数妇女缠足外，其余一律放足。县政府颁发铜制放足牌"。目前除了黄安县署颁发的这块牌外，尚未见到由县政府颁发的放足牌。[9]《红安县志》所载，是有准确史料依据还是据红安县博物馆收藏的妇女放足牌得出的结论，未见进一步说明。

5.2012年调查文物流传经历的采访对象、明佑华老人的儿媳时年73岁，她应该出生于1939年，并非亲历者，所言是否准确也有待考证。

6.从辛亥革命纪念馆收藏的"不娶缠足女子"证章本身来看，材质为黄铜，造型包浆等具有典型的清末证章特点，与民国时期常见证章造型材质不太相符。

综上所述，笔者更倾向于认为红安县博物馆的妇女放足牌为清末时期不缠足运动的实物，但缺乏最直接的黄安地方史料的支撑和准确的流传经过，所以还有待挖掘更多相关史料，以求得真相。❀

参考文献：

[1] 姚灵犀.《采菲录》续编《韵语》[M]. 天津：天津时代公司，1936:89.
[2] 高洪行. 缠足史 [M]. 上海：上海文艺出版社，1995：97.
[3] 李又宁，张玉法. 近代中国女权运动史料：下册 [M]. 台北：龙文出版社，1995：842-843.
[4] 同 [3]877-878.
[5] 阙和荣. 黄安妇女运动的见证：妇女放足牌 [J]. 中国纪念馆研究，2013（1）：319.
[6] 红安县县志编纂委员会. 红安县志 [M]. 上海：上海人民出版社，1992：639.
[7] 同 [4]323-324.
[8] 同 [6]18，20.
[9] 同 [6]20.

从老月份牌看民国画师的绘画技法

王 维

月份牌是 19 世纪 70 年代前后产生于上海并风行全国的一种商业广告绘画，称为中国最早的商品海报，学名为"月份牌广告画"，隶属我国传统年画。月份牌诞生初期题材相当丰富，历史典故、戏曲人物、民间传说、时装仕女、摩登生活等无所不有。

从现有的文献资料来看，"月份牌"一词最早出现在光绪元年十二月初七（1876 年 1 月 3 日）《申报》上刊登的一条"华英月份牌"的销售广告中。[1] 最早的月份牌是清道光二十年（1840）香港屈臣氏药房奉送的《屈臣氏药房》画，该画的中间是一个繁体的"华"字，里面由故事性的画面组成，与清末石印苏州桃花坞年画类似。第一张正式标明"月份牌"字样的月份牌是清光绪二十二年（1896）上海鸿福来票行随彩票发送的《沪景开彩图》。清光绪九年十二月二十八日（1884 年 1 月 25 日），《申报》在头版二条的显要位置，以"申报馆主人谨启"的名义刊出公示，文中有"本馆托点石斋精制华洋月份牌，准于明正初六日随报分送，不取分文。此牌格外加工，字分红绿二色，华历红字，西历绿字，相间成文。华历二十四节气分列于每月之下，西人礼拜日亦挨准注于行间，最宜查验。印以厚实洁白之洋纸，而牌之四周加印巧样花边，殊堪悦目。诸君或悬诸画壁，或夹入书毡，无不相宜"等字句。这张《申

报》中所描述的月份牌是我们目前可见的最早的广告实物。从文中我们可以了解到月份牌的制作是何等精细，有"巧样花边"，有"最宜查验"的年历。但受限于当时的广告题材和场景，月份牌多采用中国人陌生的西方风俗式的骑士、景物和建筑图画，还是没有被大多数人接纳。后来，洋商结合中国传统国画和木版年画，再搭配上月历和商品广告制作新题材的月份牌，凡购买洋货则免费赠送一幅，月份牌立刻就受到市民的欢迎。

月份牌的绘画技法大致经历了三个阶段的发展。第一阶段以周慕桥[1]为代表，多以中国工笔画的线条描绘古装仕女。第二阶段以郑曼陀[2]为代表，采用擦笔水彩法，画面内容多为美女形象。1914年郑曼陀创造了西洋擦笔素描和水彩的混合画法，即擦笔水彩法。这种以"甜、糯、嗲、嫩"为特色内容的美女月份牌迅速成为主流。第三阶段以杭穉英[3]为代表，他继承并改进了郑曼陀的擦笔水彩法，画面内容多为摩登旗袍美女形象。民国以后，随着中外工商业竞争日趋激烈，月份牌的题材反趋于单一的时装美女。当然，月份牌广

---

[1] 周慕桥（1868—1922），近代画家。一署慕乔、慕侨，又名周权。江苏苏州人，定居上海。相传为吴友如弟子。早期作品多刊于《点石斋画报》和《飞影阁画报》。1893年5月接办《飞影阁画报》，后将其改名为《飞影阁士记画报》，到1894年6月停刊，专画古人古事。清末民初上海旧校场和苏州桃花坞木版年画中，有些时装妇女题材的作品系出自其手笔。初期月份牌画稿仍用中国传统工笔画法作在绢上，有《林黛玉魁夺菊花诗》（1903年）、《潇湘馆悲题无美吟》等。随时势审美需要，后亦改作擦笔水彩美女月份牌画。为上海早期月份牌画家之一。

[2] 郑曼陀（1888—1961），中国广告擦笔绘画技法创始人，民国时最杰出的广告画革新者之一。原名达，字菊如，笔名曼陀，出生在杭州，生父何地人不知，由原籍安徽歙县的养父抚养成人，亦有研究认为他幼年被在杭州经商的安徽富商收养。曾在杭州育英书院学习英语，师从王姓民间画师学画人像。后到杭州设有画室的二我轩照相馆作画，专门承接人像写真。他把从老师那里学来的传统人物画技法与从书本中学来的水彩技法结合起来，慢慢形成了一种新画法——擦笔水彩法。

[3] 杭穉英（1900—1947），亦作稚英，名冠群。浙江海宁人。自幼爱好绘画，13岁随父进商务印书馆，潜心钻研；后自立画室，出版月份牌，设计商品商标包装，为我国最早的商业美术家之一。其设计的美丽牌香烟，双妹花露水，雅霜、蝶霜包装为经典之作。早期学郑曼陀画风，后揣摩炭精肖像画，画法渐变，色彩趋向强烈、艳丽。所作《牛郎织女》《八仙过海》等富有传统特色。抗战期间，他力拒日军威逼利诱，举债度日，后画出富有爱国精神的《梁夫人击鼓抗金兵》和《木兰从军》等作品。1947年因劳累过度致脑出血逝世。

告画的发达，与清末民初的上海土山湾画馆培养出的一大批西画画师，如周慕桥、郑曼陀、杭穉英、徐泳青、金梅生①、谢之光②、叶浅予、胡伯翔、李慕白等，有很大关系。

民国时期，月份牌广告画在上海和广东地区发展尤为突出，代表画家上海有郑曼陀、杭穉英、谢之光、胡伯翔、金雪尘、李慕白等，广东地区则有冯润芝③和关蕙农④等。月份牌广告画的绘画技法经过这些名家的不断探索和创新，达到了一个全新的高度。

上海作为民国时期的商业重地，洋行、华商云集，经济活动频繁，吸引了一大批从事月份牌广告画创作的画家，并出现了类似杭穉英画室这样的专业绘画机构。早期的月份牌广告画以周慕桥为代表，见古画之风格，采用国画手法，融入西画造型与透视技法，色彩在普通民众眼里比传统仕女画丰富，视觉效果更好，更贴近市井审美习俗。（见图1）

至郑曼陀时期，发展出擦笔水彩法。郑曼陀是杭州人，自幼热爱绘画，

①金梅生（1902—1989），男，别名石摩，上海人，1919年师从余泳青先生学习水彩画。1920年考入商务印书馆美术科，专门从事月份牌的绘画，1930年成立了自己的画室，致力于创作月份牌广告画，将毕生献给了中国商业艺术。

②谢之光（1899—1976），初名廷川，署东山后裔，后易名之光，室名栩栩，1899年2月25日出生于浙江余姚。上海美术专科学校毕业。曾任南洋烟草广告公司美术员、九福公司美术主任、上海中国画院画师。中国美术家协会会员、上海分会理事，上海画院画师，上海市文联（二届）委员会委员，民主同盟盟员。早年擅作月份牌年画。作品有《铁水奔流》《洛神》等。谢之光在后半生全身心创作国画，成为上海著名国画家。他青年时代在月份牌广告画上的成就是上海广告美术史上相当精彩的一页。

③冯润芝，名甘露，又名砺石，晚号禺山老人。广东番禺人，晚清时期广东著名的人物画家和插图人物绘作名家。喜仿宋、元画，所绘人物，堪称一绝。

④关蕙农（1878—？），男，名超卉，晚号觉止道人。南海人。有"月份牌画王"的美称。幼随兄健卿学西洋画。后师从居廉，深得居派画法之神髓，熔中西画法于一炉，又致力于实用美术研究，热心于美术印刷事业。曾受聘香港文裕堂书坊，创制五彩石版，为华南石印美术之始。嗣受聘《南华早报》，任美术印刷部主任。1908年广东发生水灾，首创以西画油彩绘中国仕女，义卖赈灾。后于香港、广州、上海创设亚洲印刷工场。

图1 周慕桥创作的月份牌画

图2 郑曼陀创作的月份牌画

14岁就能作人像写真画，师从钱申甫学国画人物。岭南画派画家高剑父在为郑曼陀所作《晚妆图》题跋中称"陀君十年来得意之作，秘置箧中不以示人"。说明郑曼陀在发明新技法之前已有深厚的传统绘画功底。其所绘仕女含蓄文静、格调柔和、形象逼真，个性鲜明的画风极大地影响了当时月份牌广告画的创作。[2] 所谓擦笔水彩法，就是用线描的手法先勾出人物的轮廓，再用炭精粉淡化线条和笔触，并擦出一种明暗变化，然后用水彩层层晕染，从而使画出的人物在自然光照下具有立体感，人物肌肤亦更具柔和质感。（见图2）新的技法使得月份牌广告画出现了全新面貌，迎合了当时追求社会进步的思潮，也抓住了消费者的心理，具有很强的广告视觉效应。郑曼陀的擦笔水彩画在当时成为月份牌的代名词，他所引领的"曼陀风"也迅速风靡整个月份牌画坛。此阶段的月份牌基本完成了绘画技法从传统到现代的变革，突破了传统年画固有的绘画技法和表现形式。此阶段为月份牌画发展过程中，表现特征的成型期——真正意义上的月份牌绘画形式开始确立。[3]

郑曼陀之后，擦笔水彩技法被杭稚英发扬光大。杭稚英在原有基础上，改进了擦笔的绘画技法和流程：用炭精刻画轮廓（此步骤来源于炭精粉画像），为了避免炭精画的"沉黑"，将炭精画法的素描关系减弱，只擦绘明暗交界线部分，暗部通通留气，然后进入敷色阶段，运用色彩的冷暖变化调节明暗关系，暗部多用透明的冷色，局部须发则采用中国画中的"丝毛法"，画面亮部色彩艳丽，暗部通透，深为老百姓所喜爱（见图3、图4）。美术理论家

图3　杭稚英创作的月份牌画之一　　　　　　　图4　杭稚英创作的月份牌画之二

图5 金梅生作品

图6 谢之光创作的月份牌画

蔡若虹先生认为："杭穉英先生的年画，虽然吸收了大量的西洋水彩画技法，但仍保持着我国特有的民族传统，他对西洋水彩画是有选择地吸收的，值得很好地研究。"[4] 除了杭穉英，同一时期还有其他独具特色的月份牌画家。金梅生涉及的创作题材广泛，人物画表现特别细腻，色调柔和（见图5）。谢之光因研习过舞台美术，他的画中常见考究的西式室内装潢，人物表现的戏剧性较强（见图6）。胡伯翔非常讲究光影的变化，道具刻画细致入微，为月份牌创作带来了一股清流（见图7）。正是经过这一大批优秀画师不断的探索和努力，月份牌达到了历史最辉煌的时期。

广东地区的月份牌画家与上海相比有明显的区别，主要代表者为冯润芝及

图7　胡伯翔作品　　　　　　　　图8　关蕙农作品

关蕙农，民国中期尤以关氏作品名扬南粤地区。冯氏月份牌表现手法具有民族性，内容取材传统。冯润芝在西洋画和国画方面都颇有造诣，属晚清民初著名人物画家和插图人物绘作名家，常有月份牌精品画作问世。他的月份牌广告画作遵循中国传统习俗和审美习惯，多以年画的创作思路入画，用笔细腻流畅，色彩大胆豪迈 。至辛亥革命成功之后，因冯氏年事较高，又参与广东传统画人的雅集（最为著名的是国画研究会画学活动），且受佛学影响有一种强烈的归隐之感，其所绘制佛像，完全摆脱之前的社会意识，笔意、形式、精神气质均与传统契合。关蕙农自幼得其兄长关健卿教授西洋画法，熟知西画原理，曾拜冯润芝和岭南著名的花鸟画家居廉为师，深得居派画法之神髓，

东、西绘画技法功力深厚。1915—1932 年是关蕙农创作月份牌的巅峰时期，他的作品糅合传统国画和西画技法，注重明暗透视关系，开创了广告画的先河。与同时期的月份牌画家不同，关氏创办了亚洲石印局。印局业务最盛时覆盖东南亚。他在承印商业海报的同时，自己也从事月份牌广告画创作。"广生行"的双妹系列产品为关氏代表作品（见图 8）。关蕙农所作月份牌广告画，体现岭南画派之神韵，画面中人物矜持中略含羞涩，亭亭玉立，娇艳欲滴，生动自然中蕴含东方女性含蓄、沉静之美，略微烫卷的发式，白底红、黄色鲜花图案布料的新式旗袍，温和文静的表情，再配以怀抱的鲜花，更显活泼、大方。整幅画色彩鲜艳、明亮，洋溢着乐观向上的气息，显示出画家对生活的热爱和对艺术的追求。关氏深厚的绘画功底，加之适宜的题材和商业推波助澜，辅以石印技术的印制展现，极大拓展了关氏月份牌广告画的影响范围，史上对关蕙农有"月份牌画王"之美称。

月份牌画家们舍弃了宣纸与淡墨，改用纸质厚实的图画纸，以铅笔打轮廓，炭精粉擦出虚实结合的形体，再着以水彩。在构图上，他们深得中国画的写意之韵。画面以人物为主体，背景深远淡雅，留有余白。整体上采用西方绘画的明暗造型；细节上，黑色的炭精粉画出的偏冷调与水彩画出的暖色调之间相互渗透刚好形成人物皮肤颜色的冷暖对比，异常写实生动。后来画家们还大胆采用国外的绘画材料，如挪威水彩纸、英国炭精粉、美国水彩颜料、德国喷笔，进一步丰富了月份牌水彩画技法的表现形式。

综上所述，月份牌广告画具备三点主要特征：一是技法上融合了中、西方的绘画技巧；二是作为大众文化的组成部分，其艺术形象具有鲜明的时尚化特征；三是吸收了当时国际上最新的美国迪士尼七彩卡通画的某些技法，从而使构图更为协调丰富，形象更为立体生动，色彩更为浓郁艳丽，风格更为时尚新潮。

月份牌广告画作为中西合璧的产物，以其特殊的绘画技法，延续了中华

传统文化，并传播了西方文明，淋漓尽致地展现时代气息，记录着民国时期中国的历史与文化变迁。❀

参考文献：

[1] 郑立君 . 月份牌最早印刷发行的时间分析 [J]. 东南文化，2006（3）：64.

[2] 崔浩 . 郑曼陀与月份牌广告画发展 [J]. 艺术百家，2007（6）：208-209.

[3] 龚建培 . 摩登佳丽：月份牌与海派文化 [M]. 上海：上海人民美术出版社，2015：16.

[4] 朱伯雄，曹成章 . 中国书画名家精品大典：杭稚英 [M]. 杭州：浙江教育出版社，1997：1714.

"雄狮立于寰宇间"

——民国青花双狮戏球瓷枕赏析

● 汪 喜

宋代女词人李清照在《醉花阴》中有"薄雾浓云愁永昼，瑞脑消金兽。佳节又重阳，玉枕纱橱，半夜凉初透"的佳句，诗中浪漫地将青白釉的瓷枕比喻为"玉枕"。

瓷枕在中国有着悠久的历史。河南安阳张盛墓出土的隋开皇十五年（595）长方瓷枕是目前所知最早的瓷枕实物。瓷枕在唐代开始被大量生产，成为普罗大众实用的床上枕具；两宋和金、元时期是我国瓷枕发展的巅峰期，全国制作瓷枕的窑口众多，工艺高超，生产量也达到了空前的历史高峰。明清以后，随着丝织业的发展和人们对生活舒适性要求的提高，瓷枕逐渐退出了历史舞台，但瓷枕在个别行业、个别地区仍有使用，譬如最常见的医枕、凉枕。

历史长河中的瓷枕，造型丰富，制作逐步走向精巧、细腻；同时在装饰技法上也不断发展——从素身逐渐发展到刻、划、剔、印、堆塑等多种技法堆集其上，不但极大地提高了瓷枕的艺术性、美观性，也使得瓷枕逐渐从实用品转向雅俗共赏的工艺品。

辛亥革命纪念馆藏有一件民国早期的青花双狮戏球瓷枕。瓷枕长14.5厘米，宽13厘米，高6.5厘米，重942克，呈扁平长方体状，腹空，青花贴花釉彩，通体白釉底，配青花纹饰。（见图1、图2）瓷枕正面主体纹饰为"双狮戏绣

图 1　青花双狮戏球瓷枕（正面）

图 2　青花双狮戏球瓷枕（侧面）

球"图，还带有"寺川□制"的印鉴标示，两侧面为"雄狮持五色旗踏地球"图，上下两端配以"法定旗样"纹带，顶部为两铜钱接连镂空口配以双福纹，回字纹做边，底部为长条椭圆形口配以缠枝卷草纹。

整件瓷枕釉色浓郁，纹饰灵动，造型小巧、精致。青花纹样采用的是日本瓷印花技术。主纹样，如正面的"双狮戏绣球"纹样，颇具日本伊万里风格；但辅助纹样，如上下的卷云纹、双福铜钱纹等，又带着浓郁中国传统纹样特色；此外，瓷枕的设计者还兼顾了民国初年中国国内的政治流行风格，加入了如"法定旗样"纹带、"雄狮持五色旗踏地球"图等颇有时代特色的纹饰，显得十分特别。整件瓷枕体现了社会、文化、经济等多方面在民国初年的变化与融合，具有较高的观赏性和收藏价值，实为收藏展示佳品。

整个瓷枕纹样绘制精美，中日各式纹样掺杂其中，让人眼花缭乱。其中十分有意思的一个图案，就是瓷枕两侧的"雄狮持五色旗踏地球"图。它的表现手法既不同于伊万里式的双线勾勒，也不同于传统中国纹饰的单线清描，它更多地采用写实的画法，勾勒出一个十分逼真的画面——一只雄狮昂首挺胸，爪握一杆飘扬的五色旗，前足踏于地球之上。狮身描画浓淡有致，地球也是经纬分明，不由得让人想起1912年中华民国临时政府在南京成立后，颁布的《中华民国国歌》（沈恩孚作词，沈彭年作曲）中的词句：

亚东开化中国早

揖美追欧

旧邦新造

飘扬五色旗

民国荣光

锦秀山河普照

我同胞鼓舞文明

世界和平永保

豪迈之情跃然枕上的同时，兴许大家也会产生一个小小的疑问：中国传统意义上的象征图腾一直都是龙，为何民国伊始，狮子却猛然成为中国的象征呢？

龙，作为数千年来中国人最核心的崇拜图腾，也一直是中国的代名词，但从清末开始出现了变化。内忧外患，懦弱的清朝政府，使得其所"代言"的龙的形象慢慢从至高无上处跌落，龙逐步演变成落后、腐朽的代称，尤其是清末革命之风席卷而来，革命者们更加急切地要与代表清朝政府的"龙"划清界限。但，如何选出或者约定俗成地使用一个新的、代表中国新生力量的图腾却并不容易。这也导致了此时任何一个极具语言学、艺术性、概括性、煽动性的话语或者比喻，都会成为迷茫革命者眼中的亮点，大概就是这般，狮子，或者准确地说是睡梦将醒的"睡狮"就这样显现在众人的眼前。

这里我们不得不提及清末著名思想家——梁启超。

梁启超在 1899 年的《动物谈》[1] 中描述的一个故事，第一次将"睡狮"与中国进行了关联：

吾昔游伦敦博物院，有人制之怪物焉，状若狮子，然僵卧无生动气。或语余曰："子无轻视此物，其内有机焉，一拨捩之，则张牙舞爪，以搏以噬，千人之力，未之敌也。"余询其名。其人曰："英语谓之佛兰金仙，昔支那公使曾侯纪泽，译其名谓之睡狮，又谓之先睡后醒之巨物。"余试拨其机，则动力未发而机忽坼，螫吾手焉。盖其机废置已久，既就锈蚀，而又有他物梗之者。非更易新机，则此佛兰金仙者，将长睡不醒矣。惜哉！……呜呼！是可以为我四万万人告矣。

在这段描述中，我们可以看到几个关键词："状若狮子，然僵卧无生动气""睡狮""先睡后醒"，最后感慨"是可以为我四万万人告矣"。可以看出梁启超借"甲乙丙丁"之口，把中国比喻成一个"僵卧无生动气""先睡后醒"的怪物，"既就锈蚀""非更易新机"则"长睡不醒矣"，进而借

曾国藩的长子曾纪泽的翻译，将其称为"睡狮"。

按照梁启超的说法，这"睡狮"二字始出于曾国藩的长子曾纪泽①了。他仅借用曾纪泽的说法，感叹了一下犹如睡着雄狮的中国，仅此而已？

真确如此？

我们搜寻曾纪泽的笔墨，却难觅"睡狮"二字，最多只是在曾纪泽所著《中国先睡后醒论》②中"此事略已唤醒中国于安乐美好梦之中，然究未能使之全醒"的话语间，"嗅"到些"先睡后醒"的味道而已。

很有意思的是，我们又看到另外一篇与梁启超"睡狮"论时间上非常接近而故事内容上也非常相似的文章。它是刊登在天津《国闻报》上的王学廉的英文译作《如后患何》（译自英国《国运报》1898 年 1 月 1 日）一文 [2]，节选部分如下：

> 中国既寤之后，则将为佛兰金仙之怪物。斯怪者任其卧则安寝无为，警之觉则大奋爪牙起为人害。……呜呼，佛兰金仙之怪物一机械之巧耳，知之则不足畏。若夫，中国物博人众，用西国之法以困西国之民，其将为欧洲之害，迥非金仙怪物所可比者，是则大可畏也。

文章的最后还附有严复的按语："佛兰金仙怪物者，傀儡也，见于英闺秀谐理之小说，傅胶革，挺筋骨以为人，机关帐触，则跳跃杀人，莫之敢当，惟纵其酣卧乃无事。论者以此方中国，盖亦谓吾内力甚大；欧之人所以能称雄宇内者，特以吾之尚睡未醒故耳。"

上文中的"佛兰金仙"其实就是在西方科幻经常出现的弗兰肯斯坦——科学怪人，和狮子似乎也是相去甚远。

---

① 曾纪泽（1839 年 12 月 7 日—1890 年 4 月 12 日），字劼刚，号梦瞻。汉族。湖南双峰荷叶人。清代著名外交家，曾国藩长子。光绪三年（1877），曾纪泽袭父一等毅勇侯爵。光绪年间曾担任清政府驻英、法、俄国大使，后官至户部左侍郎。光绪十六年（1890），曾纪泽去世，年五十一。追赠太子少保，谥号"惠敏"，世称"曾惠敏"。曾纪泽学贯中西，工诗文、书法篆刻，善山水，尤精绘狮子。著有《佩文韵来古编》《说文重文本部考》《群经说》等传于世，后人辑为《曾惠敏公全集》。

② 《中国先睡后醒论》最初以英文发表，1887 年 6 月，《申报》刊载了该文的汉译本。

但从中我们也不难看出，梁启超在《动物谈》中的寓言故事，基本和这篇文章的内容相近，只不过在内容上多加细化，最重要的是加入了"昔支那公使曾侯纪泽，译其名谓之睡狮，又谓之先睡后醒之巨物"这句话，进而用自己犀利的话语，博采众长，巧妙地总结出"睡狮"的形象，准确定位了当时中国的状况与现实，不得不让人拍案叫绝。

梁启超写作《动物谈》时，正流亡日本，因而"睡狮"的概念最早是流行于日本留学生当中，并被认知与接收。20世纪初，随着国内革命形势的不断发展，大批留学生归国，使得"睡狮"这一全新的概念逐步散播于国内，并被赋予了唤醒国民、振奋民族精神的革命象征意义，"睡狮"开始频繁地出现于各种文学作品，尤其是具有革命倾向的留学生杂志之中。从邹容1903年写成《革命军》："嗟夫！天清地白，霹雳一声，惊数千年之睡狮而起舞，是在革命，是在独立！"到陈天华1903年所著的《猛回头》："猛狮睡，梦中醒，向天一吼，百兽惊，龙蛇走，魑魅逃藏"，甚至其遗著直接命名为《狮子吼》。各种以"醒狮"命名的爱国期刊犹如雨后春笋一般出现，如上海狮吼社的《醒狮》半月刊和《醒狮》月刊、山西大学曙社的《醒狮》半月刊、中国青年党醒狮派的《醒狮》周报等。此外，长沙、兰州、天津等地，均成立了以"醒狮"为名的青年社团，并相应发行以"醒狮"为名的爱国期刊。

"在民族主义勃兴、救亡意识高涨的时代，某个号召性语句或形象有时会成为凝缩时代精神的核心。在对外危机意识深重的清末和民国时期，屡屡有巧妙地表达中国屈辱的国家地位、激发爱国热情的语句及形象被发明出来。"[3]梁启超很清楚，"佛兰金仙"这般的生涩名词，很难在中国的现实中得到共鸣，于是乎从"大奋爪牙"中想象到了"狮子"，从"偃卧无生动气"中引申出"睡"，进而派生出"睡狮"的形象。从"睡狮"一词的发明及其后来的广泛流行来讲，他的语言魅力已达到了创造号召性语句并足以激发人们想象力的地步，他对近现代中国民族主义形成发挥了积极作用。

　　回头再看瓷枕上这只脚踏地球、爪握五色旗的雄狮，我们从中自然能体会出清末民初社会对于新生的渴望，对于改变的期盼和希望浴火重生的中国从慵散的飞龙变成觉醒的雄狮，立于世界各国之林的美好愿景。❀

参考文献：

　　[1] 动物谈 [M]// 梁启超 . 饮冰室合集：自由书 . 北京：中华书局，1989：44.
　　[2] 如后患何 [N]. 国闻报，1898-03-22.
　　[3] 石川祯浩 . 晚清"睡狮"形象探源 [J]. 中山大学学报（社会科学版），2009（5）：87-96.

"汉族文明"火花赏析

郑春林

　　火花，即火柴盒贴画，是火柴的商标。在国外又称磷寸票、火柴标签。火花是火柴的附属产物，为了火柴销售而设计的包装。火花的题材广泛，涉及政治、经济、军事、文化生活等社会各方面，以及自然元素，可谓是包罗万象。火花作为历史的产物，经过精心设计，具有极强的艺术及历史价值。

　　火花收藏爱好者李伟钦先生向辛亥革命纪念馆捐赠了一批辛亥革命时期火花；这些火花极具时代特色，是辛亥革命时期的历史见证。其中有一枚"汉族文明"火花（见图1），是民国初期的产品，底色为黄色，中上部横书"汉族"二字，中部竖书"文明"二字，另有五种旗帜分列边缘。

　　"汉族"二字是同盟会"驱除鞑虏，恢复中华，创立民国，平均地权"革命纲领中民族主义的体现。汉人视清政府的统治为奴役，将反清作为革命的目标；在武昌起义之后成立的各省军政府中，部分打出的旗帜里有鲜明的汉族元素。如首先响应武昌起义的湖南，在起义军攻入长沙抚署后，"随手扯白色桌台布及卧单布两方，各书甚大'汉'字，悬于署前左右桅杆上，以当旗帜"，"长沙百姓则家家户户于门首高悬白旗，或于旗上书一'汉'字，以志欢庆"。[1]贵州、四川等省军政府，也都打出"汉"字旗。也有部分省份打出"兴汉安民""光复大汉"的旗帜。这与整个火花的背景色黄色所代

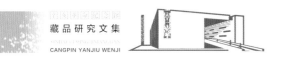
表的炎黄子孙意义相同，代表着汉族的民族认同，强调汉族的主体地位。反满兴汉作为革命党的宗旨，虽然具有鲜明的狭隘民族主义成分，但能够有效地号召汉人起来反抗清朝统治，这也是武昌起义后战火迅速燃遍全国，清政府覆灭的原因之一。

"文明"是民国初期的社会风潮，是人们步入新时代时对旧制度的摒弃及对新事物的追求的反映。1911 年 12 月 27 日，孙中山在会见各省代表会议代表和商谈组织临时政府问题时指出："从前改换朝代，必改正朔、易服色。现在推倒专制政体、改建共和，与从前换朝代不同，必须学习西洋，与世界文明各国从同。"民国建立以后，颁布了《命内务部晓示人民一律剪辫令》《令内务部通饬各省劝禁缠足文》等一系列移风易俗的法令，对文明的提倡渐成风气。从西方传入的新式东西都被冠以"文明"二字，"文明新装""文明结婚""文明政治"等词成为当时社会的流行词。

火花封面有五种旗帜，分别为五色旗、青天白日满地红旗、十八星旗和两种井字旗。1911 年 12 月 4 日，黄兴、陈其美等人召开"中华民国共和联合大会"，商讨旗帜问题。同年 12 月 9 日，《民立报》刊登了联合大会上商讨的五色旗、陆军旗、海军旗、元帅旗、副元帅旗五种图案。1912 年 1 月，临时参议院通过了以五色旗为国旗，铁血十八星旗为陆军旗，青天白日满地红旗为海军旗，井字旗为元帅旗（方蓝井白）及副元帅旗（方白井蓝）。

五色旗最早由宋教仁等绘制，是 1906 年同盟会干事商讨旗帜时提出的，也是辛亥革命时期江浙军政府所用旗帜。五色旗有红、黄、蓝、白、黑五色，表示汉、满、蒙、回、藏五族共和，被选为中华民国国旗后，成为当时使用最普遍的旗帜，超过其他各种。因此位于火花整个版面的最上部，面积也最大。

青天白日旗是革命党人最早设计使用的旗帜，由兴中会会员陆皓东设计。1895 年，广州起义时计划采用此旗，因起义未发动而作罢。1900 年，郑世良在惠州三洲田发动起义，以青天白日旗为军旗。随后，尤列在南洋各埠创

图1　"汉族文明"火花

立中和堂，"令各会所均悬挂青天白日旗，海外华侨团体以革命党徽号为标帜者自此时"。[2] 后孙中山提议在青天白日旗基础上增加红色作为底色，象征流血牺牲，并将青天白日移至左上角，成青天白日满地红旗。青天白日旗旗式为长方形，蓝色底，旗中央是白日，四周带有呈辐射状的十二个角，符合地支之数，白日四周的各角对应着地球上一昼夜的各时辰。青天白日象征着自由平等和正大光明，是辛亥革命时期广东、广西、福建地区革命军旗帜。

1925 年，以中国国民党为首的国民政府在广州成立，定青天白日满地红旗为中华民国国旗，1928 年北伐成功后完全取代了五色旗。

十八星旗又称"九角旗"，是共进会设计的旗帜，图案样式为红地，中央一个黑九角星，九角的内外两端各有一颗黄色圆星，共十八颗。红地和黑九角星象征铁血，即革命须用武力；九角星还代表中国九州；十八颗黄星代表关内十八个行省，黄色表示炎黄子孙。共进会是从中国同盟会中分离出来的革命团体，主要活动于长江中游地区，十八星旗使用范围以湖北、湖南、江西等省为主。1912 年 5 月，临时参议院在北京商讨陆军旗时，因原有十八星所代表的十八省为关内省份，未包含东北、蒙古、新疆、西藏等省，未能代表全国整个版图，于是在十八星中央加一个黄星，以示国家统一之意，遂成为十九星旗。

井字旗初由廖仲恺 1906 年在东京讨论国旗图案时提出。陈炯明在惠州举兵时曾采用井字旗，随后会师广州，即废置不用。"井田"，一是代指传统井田制，二是暗喻天下九州。其有两种形制，方蓝井白及方白井蓝，分别定为元帅旗和副元帅旗。

关于该火花的具体年代，尚无比较明确的记录，只能根据封面信息大致推测。有说法认为该火花是由后来成为中共一大代表的李汉俊设计，在日本经济学家河上肇的火柴厂印制。[3]

李汉俊在 1904 年 12 岁时，由其兄长李书城好友吴禄贞资助去日本留学。李书城和吴禄贞皆为同盟会成员。李汉俊受其兄影响甚大，长期受其民族、民主革命思想的影响。1910 年 3 月李汉俊自东京晓星中学毕业后，没有在日本继续留学，到 1912 年才得到政府官费资助到日本上第八高等学校就读。[4] 1915 年 7 月，他入读东京帝国大学土木工学科，并于 1918 年底学成归国。

火花上几面旗帜在 1911 年 12 月 9 日见于《民立报》，并于次年 1 月在临时参议院通过。1912 年 6 月 8 日，袁世凯以临时大总统令颁行全国。民国建立以后，革命中所强调的"兴汉灭满"概念慢慢减弱，从五色旗被定为国旗便能看出，初期以汉族的民族认同来号召民众对抗清廷，变成了提倡民族共和。"汉族"一词便是辛亥革命初期的呼声。另外，从陆军旗上的十八星可以看出，时间当在1912年5月临时参议会之前。所以该火花的设计时间应为1912年1月至5月之间。而此时，李汉俊应该尚在国内，距离日本第八高等学校开学尚早（据李丹阳考证，第八高等学校是9月开学），且设计的图案也不会是十八星旗公布的几个月后才应用于火柴盒上。

李汉俊的女儿曾提到父亲在日本的学习和思想转变情况："父亲在日本帝国大学学的是工科，可是他却喜欢阅读社会学、哲学等方面的书籍……有一点特别值得提的，就是日本共产主义先驱河上肇先生对我父亲的影响。父亲在日本学习期间，认识了教授政治经济学的老师河上肇先生，受到河上肇先生的启迪。"[5]李汉俊认识河上肇应该是在1915年上大学之后，故此图也不会是直接为河上肇的企业所设计的。

火花作为方寸之间的火柴商标，内容均为政治性的。此种现象的出现，与火柴的性质密切相关。

1833年，第一家火柴厂在瑞典贝里亚城建立。至迟于清道光年间，火柴传入中国。据1870年孙玉璋《异闻琐录》载，"道光间，英所贡杂物，多瑶巧好玩，中有自来火者，长仅盈寸，一端五色洋药，擦之而火爆发。士大夫见之莫不惊奇，叹为鬼物。今各大商埠均有市者，唯索值奇昂，非豪商显宦无力求之耳"。[6]

中国第一家火柴厂为1877年出现于上海的制造自来火局。1900年已有火柴厂16家，到清王朝覆亡，又增加到30余家。[7]其间，中国依然进口大量火柴，火柴已成为生活必需品，深入到社会各阶层。因此，火柴成为政治宣传的极佳途径，能够起到迅速而广泛传播的效果。

该枚火花图案印刷精良，产地为日本，这与当时中国的整个火柴市场是

密切相关的。中国消费的火柴，大部分依靠进口，日本是主要来源。从 1913 年中国火柴进口的情况来看，当年进口火柴 28 448 115 罗（每罗 144 盒，每 50 罗等于旧制 1 箱），其中从日本进口 21 827 988 罗，占比 76.7%。日本火柴产业的中心地区是神户和大阪，在其火柴产业发展的过程中，该地华商起了重要作用。在日本不能直接参与火柴制造业的华商对日本制造商采取了融资、预购的方法，将火柴向香港、上海、青岛、烟台、天津等港口输出，然后向华南、华中、华东、华北各地转售[8]。而从事这一商品贸易的，就是大阪、神户地区的三江帮商人，有吴锦堂等代表性人物。日本又是中国同盟会及其他革命团体的诞生之地，集聚了大量的革命者，是中国革命的重要阵地。因此，诸多此类政治性的火花会在日本印刷。

此枚火花上没有火柴公司的名字，与其他依靠商标来提升商品及企业影响，强调知识产权的商品大不相同。它最主要的目的在于政治宣传，是新政权宣传其新思想的工具。该火花包含着诸多信息，是辛亥革命初期的产物，是那个历史阶段的见证；虽只有方寸大小，却弥足珍贵。❀

参考文献：

[1] 粟戡时．湖南反正追记 [M]// 湖南史学会．辛亥革命在湖南．长沙：湖南人民出版社，1984：121，125.

[2] 中华民国旗之历史 [M]// 冯自由．革命逸史．北京：新星出版社，2011：26.

[3] 李伟钦，卢志用，邓桂好．火花收藏：辛亥革命印象 [M]．广州：岭南美术出版社，2011：91.

[4] 李丹阳．关于李汉俊加入同盟会及相关问题的探讨 [M]// 中共"一大"会址纪念馆，等．上海革命史资料与研究：第 12 辑．上海：上海古籍出版社，2012：410.

[5] 李虹．河上肇与李汉俊的马克思主义传播 [J]．湖北民族学院学报（哲学社会科学版），2013，31（2）：115.

[6] 中国日用化工协会火柴分会．中国火柴工业史 [M]．北京：中国轻工业出版社，2001：引言.

[7] 李志英，周滢滢．环境史视野下的近代中国火柴制造业 [J]．晋阳学刊，2012（4）：115.

[8] 蒋海波．日本华侨与近代中国火柴业：以华中和华东地区为例的考察 [J]．华侨华人历史研究，2010（4）：48—50.

从《开辟共和新纪元——辛亥革命主题展》藏品看晚清戏曲改良

● 张 林

　　中国传统社会历来看重戏曲与社会风气之间的关系，"习于善则善，习于恶则恶，习于正则正，习于淫则淫，习于非则非，习于是则是。浸淫既久，风俗之良窳因之，朝政之得失因之。是固欲革政治，当以易风俗为起点；欲易风俗，当以正人心为起点；欲正人心，当以改良戏曲为起点"[1]。清末，不同的政治派别通过戏曲宣传其政治理念和社会理想；戏曲作为启蒙门径，与报纸、演说、小说等一道推进了民众启蒙和政治动员进程。

　　辛亥革命纪念馆作为国家大型革命历史专题纪念博物馆，既注重全面展现辛亥革命波澜壮阔的历史，同时也不忘突出广东地区作为近代民主革命策源地的历史地位。虽然革命党人借戏宣传革命在展览中只占很小一部分，但有心人仍能从中体会一二。

一、改良派与戏曲改良

　　戏曲应该用来宣传改良社会的思想与政治诉求，编演改良新戏还可以补教育与报纸之不足，"爱国之观念，合群之思想，自治之规则，立宪之问题，彼昏不知复何足怪，教育之所不及者，正赖伶部实演古今之事迹以补之"[2]。改良派在政治上主张的爱国、合群、自治、立宪等问题都可以通过戏曲推广。

改良派注重教化大众，他们认为要掌握启蒙社会的先导权，就必须注重戏园教化。梁启超十分看重戏曲在移风易俗中的重要性，认为戏曲、音乐的主导权不应该拱手让给梨园伶人，"然乐也者，人情所不能免，人道所不能废也。士夫不主持焉，则移风易俗之大权，遂为市井无赖所握"[3]。梁启超认为，无论是雅乐还是俗剧，在改良社会方面都有重要的作用。与传统派不同的是，改良派并不拘泥于禁淫戏问题上，而是更加注重戏曲、戏园在改良社会中的作用。

改良戏曲的推动者汪笑侬、王钟声、潘月樵等人不断编演反映时局、启蒙新知的改良新戏。丹桂茶园和春仙茶园也逐渐编演新剧。丹桂新剧《潘烈士投海》《黑籍冤魂》《惠兴女士》等，乃动人感情之作也。天仙之新剧，多是启蒙新剧，如《立宪镜》《自由结婚》《桃花扇》《人和社》《美人手》《党人碑》《苦旅行》《瓜种兰因》《缕金箱》等。[4] 值得一提的是，很多改良戏曲的推动者，思想更加激进，有的后来还参加了辛亥革命。

二、革命派与戏曲改良

革命党同样发现戏曲在动员革命方面的重要作用。他们比较注重历史鼎革之戏与时事新戏的编演。历史戏借鼎革之际来讽喻清季时局，重点在批判清贵族统治的腐朽；时事新戏则将波兰、安南（越南古名）等亡国故事与清朝廷的腐朽、社会百弊丛生等情节搬上戏园舞台。

柳亚子和陈去病等人所办的《二十世纪大舞台》杂志，以评介戏曲、戏剧为主要形式，以提倡民族国家思想为中心，兼及改良旧风俗，启蒙下等社会。"皇帝子孙，受建虏之荼毒久矣。中原士庶，愤愤于腥膻异种者，何地蔑有？徒以民族大义，不能普及，亡国之仇，迁延未复。演光复旧物推倒虏朝之壮剧、快剧。"[5] 革命党人希望借助反满戏曲的编演来激发汉族种性。

广州地区戏曲氛围浓厚，以粤剧为代表的地方曲艺有其深厚的文化土壤。

"青纱衫子碧罗裳，三月羊城热似汤。亲解榴裙教婢叠，众中偷得一分凉。"[6] 民间演戏也十分火爆，时常夜场雇优演剧，张灯结彩，热闹异常。

在革命的策源地之一南洋，票界在当地拥有较大的影响力，革命党经常借戏院开演说。伶人蛇伶和秋某在武汉举义时，自愿筹措义务戏，编演《游江南》。该戏原先主要表现明正德帝巡幸江南的场景。此时，被革命党改编，蛇伶饰正德，秋某演凤姊，其中凤姊有一台词："汝看清朝的皇帝那一位不骗人害人的？即如现在的皇帝，要把商办铁路

图 1 辛亥革命纪念馆收藏的潘月樵烈士的急公好义章

收归国有，发行的公债一概不还本，糊里糊涂，这不是皇帝们大棍骗吗？"[7] 当时台下的人被提醒而兴起者无数。革命党人借此戏达到"触黄胤之感情，吾知轩辕有灵，其亦必将蜷旌羽葆乘云下降，以证斯盟也"[8] 的效果。

革命党人所排演的革命戏曲，将反满与推翻专制统治裹挟在一起。高涨的反满声浪，强化汉民族的认同感，有助于减轻反专制民主革命的阻力。曲目专演夷狄外患、侵略之暴、国亡之惨、人民流离之悲。这样使对异族的仇

恨形象化，使群众更加容易理解为什么要进行排满，革命戏曲可以很好地调动观众感慨悲愤的情绪，进而动员他们，投身到推翻清王朝统治的革命中。

三、辛亥革命纪念馆中借戏"宣传党义"的展示

辛亥革命纪念馆《开辟共和新纪元——辛亥革命主题展》第二部分《革命运动蓬勃发展》，呈现了革命党人用戏曲来启蒙大众，宣传革命的历史。这个部分的展示体现了辛亥革命前期动员的丰富性和大众性。纪念馆制作并复原了广州八和会馆的场景，以实景再现的形式表现广州八和会馆，会馆门前附对联："借古代衣冠，实行宣传党义；娱今人耳目，尤应力挽颓风。"对联生动再现了当时广州地区借戏曲（粤剧）动员革命，使更多的平民百姓同情革命，支持革命的历史。孙中山先生就曾经指出："洪门拜会，则以演戏为之，盖此最易动群众之视听也。其传布思想，则以不平之心、复仇之事倒之，最易发常人之感情也。其口号暗语，则以鄙俚粗俗之言以表之，此最易使士大夫闻而生厌、远而避之者也。"[9]

广州八和会馆位于荔湾区，是由邝新华、独脚英、林之等粤剧艺人所建立的粤剧行会组织，被誉

图 2 记录近代广东地区粤剧曲目的粤伶曲谱

图 3 辛亥革命纪念馆主题展览八和会馆场景

为是粤剧的精神"祖屋"。它在保障行业利益、规范演出、团结艺人等方面有杰出贡献。这个会馆加强了戏行中人的团结,保障了戏班营业正常开展,传承了岭南文化精华,在娱乐晚清羊城生活等方面发挥了重要作用。

以八和会馆为代表的广东戏曲界人士积极投身辛亥革命。20世纪初,在革命党人积极宣传和组织下,广东地区先后出现了优天影、振天声、醒天梦、现身说法社等二三十个剧社,他们演出改良粤剧,抨击腐败清政府、贪官污吏、封建恶习,歌颂革命烈士,为启蒙大众、宣传革命理念做出了贡献。1904年,陈少白、李纪堂等人在广州海幢寺诸天阁创办粤剧采南歌班,编演改良新戏,宣扬反清革命思想,开"粤省剧界革命之新声"。

此外,在主题展览中,还展示了多个清季粤剧剧社相关藏品。1906年,

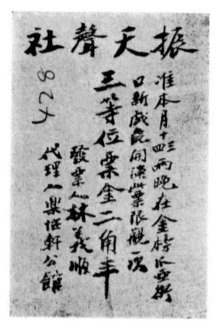

图 4 振天声演出戏票

图 5 新式剧本图

何剑士与梁觉先等在广州黄沙梯云桥保安善堂成立"优世界剧社",利用粤剧宣传革命思想。1906 年的《时事新报》的《新式剧本图》,展现的正是志士班欲编演新式戏剧以移风易俗。1907 年受孙中山委派,同盟会会员黄小配等人在澳门组织优天影粤剧团,编演新戏,宣传革命。辛亥革命纪念馆对这些历史史实,均有展示。

在广东地区,粤剧在动员革命方面起到了重要的作用。但不宜过分夸大粤剧在革命中的作用,当时的宣传主流仍然是报纸刊物以及革命领导人的演讲等。也有革命党人对戏曲启蒙革命表示了担忧。雷铁崖认识到了演戏之时,无论男女观其离合悲欢,鲜不为之感动者;他也认为戏剧可以辅助报纸,开通下层社会。同时,他也看到了戏剧的弊端,并发出了些许忧虑;他认为演戏者，大都是村竖荒伧，无学无识，不是导人入邪淫，就是引人增加迷信，是社会人心之大蠹。他的建议是"惟望有志者提倡改良之而矣"[10]。总之，粤剧以至戏曲，很好地补充了文字宣传的不足，对开启民智、声援革命起到了重要推动作用。

辛亥革命主题展览关注戏曲改良，突出粤剧在动员广东地区辛亥革命的重要作用，成为展览的一个亮点。❀

参考文献：

[1] 论戏曲改良与群治之关系（僇）[M] // 傅谨 . 京剧历史文献汇编：清代卷：4：申报 . 南京：凤凰出版社，2011：558.

[2] 伶部改良策 [M] // 傅谨 . 京剧历史文献汇编：清代卷：5：其他报纸（上）. 南京：凤凰出版社，2011：299.

[3] 渊实君译《中国诗乐之变迁与戏曲之关系》[M] // 梁启超 . 梁启超全集 . 北京：北京出版社，1999：5263.

[4] 海上梨园杂志 [M]. // 傅谨 . 京剧历史文献汇编：清代卷：2：专书（下）. 南京：凤凰出版社，2011：547.

[5] 亚庐 . 发刊词 [J]. 二十世纪大舞台，1904（1）:4.

[6] 易顺鼎 . 琴志楼诗集 [M]. 上海：上海古籍出版社，2004：967.

[7] 章开沅，罗福惠，严昌洪 . 辛亥革命史资料新编：第一卷 [M]. 武汉：湖北人民出版社，2006：111.

[8] 佩忍 . 论戏剧之有益 [J]. 二十世纪大舞台，1904（1）：9.

[9] 孙中山 . 建国方略 [M]. 广州：广东人民出版社，2007：90.

[10] 唐文权 . 雷铁崖集 [M]. 武汉：华中师范大学出版社，2011：124.

后记 | Postscript

　　历时一年多的努力，本书终于面世。书中收录我馆工作人员近年来对藏品进行各方面研究后撰写的文章，体现了我馆近年来研究工作的成果。我馆将以此为起点，深入推进研究工作的开展与研究成果的应用，让观众透过藏品更好地了解辛亥革命、了解近代中国的历史。

　　文集在编撰、审定过程中得到了广州市文物博物馆学会会长程存洁先生和广东省文物鉴定站李遇春先生、赵敏女士的指导，在此表示感谢。

　　由于时间仓促，水平有限，谬误之处在所难免，敬请读者批评指正。

辛亥革命纪念馆编写组

2018 年 10 月 13 日